全国普法学习读本
★★★★★

>>>>>特殊环境保护法律法规学习读本<<<<<

特殊情况环保法律法规

加大全民普法力度,建设社会主义法治文化,树立宪法法律至上、法律面前人人平等的法治理念。

——中国共产党第十九次全国代表大会《决胜全面建成小康社会 夺取新时代中国特色社会主义伟大胜利》

王金锋 主编

汕头大学出版社

图书在版编目（CIP）数据

特殊情况环保法律法规／王金锋主编. -- 汕头：汕头大学出版社（2021.7重印）

（特殊环境保护法律法规学习读本）

ISBN 978-7-5658-2959-8

Ⅰ.①特… Ⅱ.①王… Ⅲ.①环境保护法-基本知识-中国 Ⅳ.①D922.684

中国版本图书馆 CIP 数据核字（2018）第 035684 号

特殊情况环保法律法规 TESHU QINGKUANG HUANBAO FALÜ FAGUI

主　　编：	王金锋
责任编辑：	邹　峰
责任技编：	黄东生
封面设计：	大华文苑
出版发行：	汕头大学出版社
	广东省汕头市大学路 243 号汕头大学校园内　邮政编码：515063
电　　话：	0754-82904613
印　　刷：	三河市南阳印刷有限公司
开　　本：	690mm×960mm 1/16
印　　张：	18
字　　数：	226 千字
版　　次：	2018 年 5 月第 1 版
印　　次：	2021 年 7 月第 2 次印刷
定　　价：	59.60 元（全 2 册）

ISBN 978-7-5658-2959-8

版权所有，翻版必究

如发现印装质量问题，请与承印厂联系退换

前 言

习近平总书记指出:"推进全民守法,必须着力增强全民法治观念。要坚持把全民普法和守法作为依法治国的长期基础性工作,采取有力措施加强法制宣传教育。要坚持法治教育从娃娃抓起,把法治教育纳入国民教育体系和精神文明创建内容,由易到难、循序渐进不断增强青少年的规则意识。要健全公民和组织守法信用记录,完善守法诚信褒奖机制和违法失信行为惩戒机制,形成守法光荣、违法可耻的社会氛围,使遵法守法成为全体人民共同追求和自觉行动。"

中共中央、国务院曾经转发了中央宣传部、司法部关于在公民中开展法治宣传教育的规划,并发出通知,要求各地区各部门结合实际认真贯彻执行。通知指出,全民普法和守法是依法治国的长期基础性工作。深入开展法治宣传教育,是全面建成小康社会和新农村的重要保障。

普法规划指出:各地区各部门要根据实际需要,从不同群体的特点出发,因地制宜开展有特色的法治宣传教育坚持集中法治宣传教育与经常性法治宣传教育相结合,深化法律进机关、进乡村、进社区、进学校、进企业、进单位的"法律六进"主题活动,完善工作标准,建立长效机制。

特别是农业、农村和农民问题,始终是关系党和人民事业发展的全局性和根本性问题。党中央、国务院发布的《关于推进社会主义新农村建设的若干意见》中明确提出要"加强农村法制建设,深入开展农村普法教育,增强农民的法制观念,提高农民依法行使权利和履行义务的自觉性。"多年普法实践证明,普及法律知识,提高法制观念，增强全社会依法办事意识具有重要作用。特别是在广大农村进行普法教育，是提高全民法律素质的需要。

多年来，我国在农村实行的改革开放取得了极大成功，农村发生了翻天覆地的变化，广大农民生活水平大大得到了提高。但是，由于历史和社会等原因，现阶段我国一些地区农民文化素质还不高，不学法、不懂法、不守法现象虽然较原来有所改变，但仍有相当一部分群众的法制观念仍很淡化，不懂、不愿借助法律来保护自身权益，这就极易受到不法的侵害，或极易进行违法犯罪活动，严重阻碍了全面建成小康社会和新农村步伐。

为此，根据党和政府的指示精神以及普法规划，特别是根据广大农村农民的现状，在有关部门和专家的指导下，特别编辑了这套《全国普法学习读本》。主要包括了广大人民群众应知应懂、实际实用的法律法规。为了辅导学习，附录还收入了相应法律法规的条例准则、实施细则、解读解答、案例分析等；同时为了突出法律法规的实际实用特点，兼顾地方性和特殊性，附录还收入了部分某些地方性法律法规以及非法律法规的政策文件、管理制度、应用表格等内容，拓展了本书的知识范围，使法律法规更"接地气"，便于读者学习掌握和实际应用。

在众多法律法规中，我们通过甄别，淘汰了废止的，精选了最新的、权威的和全面的。但有部分法律法规有些条款不适应当下情况了，却没有颁布新的，我们又不能擅自改动，只得保留原有条款，但附录却有相应的补充修改意见或通知等。众多法律法规根据不同内容和受众特点，经过归类组合，优化配套。整套普法读本非常全面系统，具有很强的学习性、实用性和指导性，非常适合用于广大农村和城乡普法学习教育与实践指导。总之，是全国全民普法的良好读本。

目 录

危险化学品安全管理条例

第一章　总　则 …………………………………………（1）
第二章　生产、储存安全 ………………………………（5）
第三章　使用安全 ………………………………………（10）
第四章　经营安全 ………………………………………（11）
第五章　运输安全 ………………………………………（14）
第六章　危险化学品登记与事故应急救援 ……………（19）
第七章　法律责任 ………………………………………（21）
第八章　附　则 …………………………………………（30）

禁止洋垃圾入境推进固体废物进口管理制度改革实施方案

一、总体要求 ……………………………………………（33）
二、完善堵住洋垃圾进口的监管制度 …………………（34）
三、强化洋垃圾非法入境管控 …………………………（35）
四、建立堵住洋垃圾入境长效机制 ……………………（36）
五、提升国内固体废物回收利用水平 …………………（37）

进口废塑料环境保护管理规定

一、适用范围 ……………………………………………（39）
二、加工利用企业类型 …………………………………（40）
三、加工利用企业环境保护要求 ………………………（40）
四、其他规定 ……………………………………………（41）

— 1 —

附 录
    对外投资合作环境保护指南 ………………………………（42）

限制进口类可用作原料的固体废物环境保护管理规定

一、适用范围 …………………………………………………（47）
二、加工利用企业环境保护要求 ……………………………（47）
三、申请、审批和监督管理 …………………………………（48）
四、变更、遗失和延期处理 …………………………………（50）
五、经营情况和年度环境保护报告备案 ……………………（51）

进口硅废碎料环境保护管理规定

一、适用范围 …………………………………………………（54）
二、加工利用企业类型 ………………………………………（54）
三、加工利用企业环境保护要求 ……………………………（54）
四、其他规定 …………………………………………………（54）

关于发布《进口废船环境保护管理规定（试行）》、《进口废光盘破碎料环境保护管理规定（试行）》和《进口废PET饮料瓶砖环境保护管理规定（试行）》的公告

附 录
    进口废PET饮料瓶砖环境保护控制要求（试行）………（68）

进出口环保用微生物菌剂环境安全管理办法

第一章　总　则 ………………………………………………（71）
第二章　样品入境 ……………………………………………（72）
第三章　样品环境安全评价 …………………………………（73）

第四章	样品环境安全证明	(74)
第五章	出入境卫生检疫审批与报检查验	(76)
第六章	后续监管	(76)
第七章	罚则	(77)
第八章	附则	(78)

地震灾区过渡性安置区环境保护技术指南(暂行)

第一章	总则	(79)
第二章	选址基本要求	(80)
第三章	环保基础设施建设基本要求	(80)
第四章	安置区使用中的环境管理	(81)

地震灾区医疗废物安全处置技术指南(暂行)

第一章	总则	(82)
第二章	医疗废物分类收集	(83)
第三章	暂时贮存和运送	(83)
第四章	安全处置	(84)
第五章	其他要求	(85)

地震灾区集中式饮用水水源保护技术指南(暂行)

第一章	总则	(86)
第二章	饮用水水源及重点保护区的划分	(87)
第三章	饮用水水源污染防控	(87)
第四章	饮用水水源污染监控与应急响应	(89)
第五章	饮用水水源地管理	(90)

电子废物污染环境防治管理办法

第一章	总则	(91)
第二章	拆解利用处置的监督管理	(92)
第三章	相关方责任	(96)

| 第四章 | 罚　　则 | (97) |
| 第五章 | 附　　则 | (100) |

畜禽规模养殖污染防治条例

第一章	总　　则	(101)
第二章	预　　防	(102)
第三章	综合利用与治理	(104)
第四章	激励措施	(105)
第五章	法律责任	(107)
第六章	附　　则	(108)

城镇排水与污水处理条例

第一章	总　　则	(109)
第二章	规划与建设	(110)
第三章	排　　水	(113)
第四章	污水处理	(115)
第五章	设施维护与保护	(118)
第六章	法律责任	(120)
第七章	附　　则	(123)

防治海洋工程建设项目污染损害海洋环境管理条例

第一章	总　　则	(124)
第二章	环境影响评价	(125)
第三章	海洋工程的污染防治	(128)
第四章	污染物排放管理	(130)
第五章	污染事故的预防和处理	(132)
第六章	监督检查	(132)
第七章	法律责任	(133)
第八章	附　　则	(136)

危险化学品安全管理条例

中华人民共和国国务院令

第 645 号

《国务院关于修改部分行政法规的决定》已经 2013 年 12 月 4 日国务院第 32 次常务会议通过,现予公布,自公布之日起施行。

总理　李克强

2013 年 12 月 7 日

(2002 年 1 月 26 日中华人民共和国国务院令第 344 号公布;根据 2011 年 2 月 16 日国务院令第 591 号第一次修订;根据 2013 年 12 月 7 日《国务院关于修改部分行政法规的决定》第二次修订)

第一章　总　则

第一条　为了加强危险化学品的安全管理,预防和减少危险化学品事故,保障人民群众生命财产安全,保护环境,制定本条例。

第二条　危险化学品生产、储存、使用、经营和运输的安全管理，适用本条例。

废弃危险化学品的处置，依照有关环境保护的法律、行政法规和国家有关规定执行。

第三条　本条例所称危险化学品，是指具有毒害、腐蚀、爆炸、燃烧、助燃等性质，对人体、设施、环境具有危害的剧毒化学品和其他化学品。

危险化学品目录，由国务院安全生产监督管理部门会同国务院工业和信息化、公安、环境保护、卫生、质量监督检验检疫、交通运输、铁路、民用航空、农业主管部门，根据化学品危险特性的鉴别和分类标准确定、公布，并适时调整。

第四条　危险化学品安全管理，应当坚持安全第一、预防为主、综合治理的方针，强化和落实企业的主体责任。

生产、储存、使用、经营、运输危险化学品的单位（以下统称危险化学品单位）的主要负责人对本单位的危险化学品安全管理工作全面负责。

危险化学品单位应当具备法律、行政法规规定和国家标准、行业标准要求的安全条件，建立、健全安全管理规章制度和岗位安全责任制度，对从业人员进行安全教育、法制教育和岗位技术培训。从业人员应当接受教育和培训，考核合格后上岗作业；对有资格要求的岗位，应当配备依法取得相应资格的人员。

第五条　任何单位和个人不得生产、经营、使用国家禁止生产、经营、使用的危险化学品。

国家对危险化学品的使用有限制性规定的，任何单位和个人不得违反限制性规定使用危险化学品。

第六条　对危险化学品的生产、储存、使用、经营、运输实施安全监督管理的有关部门（以下统称负有危险化学品安全监督管理职责的部门），依照下列规定履行职责：

（一）安全生产监督管理部门负责危险化学品安全监督管理综合工作，组织确定、公布、调整危险化学品目录，对新建、改建、扩建生产、储存危险化学品（包括使用长输管道输送危险化学品，下同）的建设项目进行安全条件审查，核发危险化学品安全生产许可证、危险化学品安全使用许可证和危险化学品经营许可证，并负责危险化学品登记工作。

（二）公安机关负责危险化学品的公共安全管理，核发剧毒化学品购买许可证、剧毒化学品道路运输通行证，并负责危险化学品运输车辆的道路交通安全管理。

（三）质量监督检验检疫部门负责核发危险化学品及其包装物、容器（不包括储存危险化学品的固定式大型储罐，下同）生产企业的工业产品生产许可证，并依法对其产品质量实施监督，负责对进出口危险化学品及其包装实施检验。

（四）环境保护主管部门负责废弃危险化学品处置的监督管理，组织危险化学品的环境危害性鉴定和环境风险程度评估，确定实施重点环境管理的危险化学品，负责危险化学品环境管理登记和新化学物质环境管理登记；依照职责分工调查相关危险化品环境污染事故和生态破坏事件，负责危险化学品事故现场的应急环境监测。

（五）交通运输主管部门负责危险化学品道路运输、水路运输的许可以及运输工具的安全管理，对危险化学品水路运输安全实施监督，负责危险化学品道路运输企业、水路运输企业驾驶人员、船员、装卸管理人员、押运人员、申报人员、集装箱装箱现场检查员的资格认定。铁路监管部门负责危险化学品铁路运输及其运输工具的安全管理。民用航空主管部门负责危险化学品航空运输以及航空运输企业及其运输工具的安全管理。

（六）卫生主管部门负责危险化学品毒性鉴定的管理，负责组织、协调危险化学品事故受伤人员的医疗卫生救援工作。

（七）工商行政管理部门依据有关部门的许可证件，核发危险化学品生产、储存、经营、运输企业营业执照，查处危险化学品经营企业违法采购危险化学品的行为。

（八）邮政管理部门负责依法查处寄递危险化学品的行为。

第七条 负有危险化学品安全监督管理职责的部门依法进行监督检查，可以采取下列措施：

（一）进入危险化学品作业场所实施现场检查，向有关单位和人员了解情况，查阅、复制有关文件、资料；

（二）发现危险化学品事故隐患，责令立即消除或者限期消除；

（三）对不符合法律、行政法规、规章规定或者国家标准、行业标准要求的设施、设备、装置、器材、运输工具，责令立即停止使用；

（四）经本部门主要负责人批准，查封违法生产、储存、使用、经营危险化学品的场所，扣押违法生产、储存、使用、经营、运输的危险化学品以及用于违法生产、使用、运输危险化学品的原材料、设备、运输工具；

（五）发现影响危险化学品安全的违法行为，当场予以纠正或者责令限期改正。

负有危险化学品安全监督管理职责的部门依法进行监督检查，监督检查人员不得少于2人，并应当出示执法证件；有关单位和个人对依法进行的监督检查应当予以配合，不得拒绝、阻碍。

第八条 县级以上人民政府应当建立危险化学品安全监督管理工作协调机制，支持、督促负有危险化学品安全监督管理职责的部门依法履行职责，协调、解决危险化学品安全监督管理工作中的重大问题。

负有危险化学品安全监督管理职责的部门应当相互配合、密切协作，依法加强对危险化学品的安全监督管理。

第九条 任何单位和个人对违反本条例规定的行为，有权向负有危险化学品安全监督管理职责的部门举报。负有危险化学品安全监督管理职责的部门接到举报，应当及时依法处理；对不属于本部门职责的，应当及时移送有关部门处理。

第十条 国家鼓励危险化学品生产企业和使用危险化学品从事生产的企业采用有利于提高安全保障水平的先进技术、工艺、设备以及自动控制系统，鼓励对危险化学品实行专门储存、统一配送、集中销售。

第二章 生产、储存安全

第十一条 国家对危险化学品的生产、储存实行统筹规划、合理布局。

国务院工业和信息化主管部门以及国务院其他有关部门依据各自职责，负责危险化学品生产、储存的行业规划和布局。

地方人民政府组织编制城乡规划，应当根据本地区的实际情况，按照确保安全的原则，规划适当区域专门用于危险化学品的生产、储存。

第十二条 新建、改建、扩建生产、储存危险化学品的建设项目（以下简称建设项目），应当由安全生产监督管理部门进行安全条件审查。

建设单位应当对建设项目进行安全条件论证，委托具备国家规定的资质条件的机构对建设项目进行安全评价，并将安全条件论证和安全评价的情况报告报建设项目所在地设区的市级以上人民政府安全生产监督管理部门；安全生产监督管理部门应当自收到报告之日起45日内作出审查决定，并书面通知建设单位。具体办法由国务院安全生产监督管理部门制定。

新建、改建、扩建储存、装卸危险化学品的港口建设项目，由港口行政管理部门按照国务院交通运输主管部门的规定进行安全条件审查。

第十三条 生产、储存危险化学品的单位，应当对其铺设的危险化学品管道设置明显标志，并对危险化学品管道定期检查、检测。

进行可能危及危险化学品管道安全的施工作业，施工单位应当在开工的7日前书面通知管道所属单位，并与管道所属单位共同制定应急预案，采取相应的安全防护措施。管道所属单位应当指派专门人员到现场进行管道安全保护指导。

第十四条　危险化学品生产企业进行生产前，应当依照《安全生产许可证条例》的规定，取得危险化学品安全生产许可证。

生产列入国家实行生产许可证制度的工业产品目录的危险化学品的企业，应当依照《中华人民共和国工业产品生产许可证管理条例》的规定，取得工业产品生产许可证。

负责颁发危险化学品安全生产许可证、工业产品生产许可证的部门，应当将其颁发许可证的情况及时向同级工业和信息化主管部门、环境保护主管部门和公安机关通报。

第十五条　危险化学品生产企业应当提供与其生产的危险化学品相符的化学品安全技术说明书，并在危险化学品包装（包括外包装件）上粘贴或者拴挂与包装内危险化学品相符的化学品安全标签。化学品安全技术说明书和化学品安全标签所载明的内容应当符合国家标准的要求。

危险化学品生产企业发现其生产的危险化学品有新的危险特性的，应当立即公告，并及时修订其化学品安全技术说明书和化学品安全标签。

第十六条　生产实施重点环境管理的危险化学品的企业，应当按照国务院环境保护主管部门的规定，将该危险化学品向环境中释放等相关信息向环境保护主管部门报告。环境保护主管部门可以根据情况采取相应的环境风险控制措施。

第十七条　危险化学品的包装应当符合法律、行政法规、规章的规定以及国家标准、行业标准的要求。

危险化学品包装物、容器的材质以及危险化学品包装的型式、规格、方法和单件质量（重量），应当与所包装的危险化学品的性质和用途相适应。

第十八条　生产列入国家实行生产许可证制度的工业产品目录的危险化学品包装物、容器的企业，应当依照《中华人民共和国工业产品生产许可证管理条例》的规定，取得工业产品生产许可证；其生产的危险化学品包装物、容器经国务院质量监督检验检疫部门认定的检验机构检验合格，方可出厂销售。

运输危险化学品的船舶及其配载的容器，应当按照国家船舶检验规范进行生产，并经海事管理机构认定的船舶检验机构检验合格，方可投入使用。

对重复使用的危险化学品包装物、容器，使用单位在重复使用前应当进行检查；发现存在安全隐患的，应当维修或者更换。使用单位应当对检查情况作出记录，记录的保存期限不得少于2年。

第十九条　危险化学品生产装置或者储存数量构成重大危险源的危险化学品储存设施（运输工具加油站、加气站除外），与下列场所、设施、区域的距离应当符合国家有关规定：

（一）居住区以及商业中心、公园等人员密集场所；

（二）学校、医院、影剧院、体育场（馆）等公共设施；

（三）饮用水源、水厂以及水源保护区；

（四）车站、码头（依法经许可从事危险化学品装卸作业的除外）、机场以及通信干线、通信枢纽、铁路线路、道路交通干线、水路交通干线、地铁风亭以及地铁站出入口；

（五）基本农田保护区、基本草原、畜禽遗传资源保护区、畜禽规模化养殖场（养殖小区）、渔业水域以及种子、种畜禽、水产苗种生产基地；

（六）河流、湖泊、风景名胜区、自然保护区；

（七）军事禁区、军事管理区；

（八）法律、行政法规规定的其他场所、设施、区域。

已建的危险化学品生产装置或者储存数量构成重大危险源的危险化学品储存设施不符合前款规定的，由所在地设区的市级人民政府安全生产监督管理部门会同有关部门监督其所属单位在规定期限内进行整改；需要转产、停产、搬迁、关闭的，由本级人民政府决定并组织实施。

储存数量构成重大危险源的危险化学品储存设施的选址，应当避开地震活动断层和容易发生洪灾、地质灾害的区域。

本条例所称重大危险源，是指生产、储存、使用或者搬运危险化学品，且危险化学品的数量等于或者超过临界量的单元（包括场所和设施）。

第二十条　生产、储存危险化学品的单位，应当根据其生产、储存的危险化学品的种类和危险特性，在作业场所设置相应的监测、监控、通风、防晒、调温、防火、灭火、防爆、泄压、防毒、中和、防潮、防雷、防静电、防腐、防泄漏以及防护围堤或者隔离操作等安全设施、设备，并按照国家标准、行业标准或者国家有关规定对安全设施、设备进行经常性维护、保养，保证安全设施、设备的正常使用。

生产、储存危险化学品的单位，应当在其作业场所和安全设施、设备上设置明显的安全警示标志。

第二十一条　生产、储存危险化学品的单位，应当在其作业场所设置通信、报警装置，并保证处于适用状态。

第二十二条　生产、储存危险化学品的企业，应当委托具备国家规定的资质条件的机构，对本企业的安全生产条件每3年进行一次安全评价，提出安全评价报告。安全评价报告的内容应当包括对安全生产条件存在的问题进行整改的方案。

生产、储存危险化学品的企业，应当将安全评价报告以及整改方案的落实情况报所在地县级人民政府安全生产监督管理部门备案。在港区内储存危险化学品的企业，应当将安全评价报告以及整改方案的落实情况报港口行政管理部门备案。

第二十三条　生产、储存剧毒化学品或者国务院公安部门规定的可用于制造爆炸物品的危险化学品（以下简称易制爆危险化学品）的单位，应当如实记录其生产、储存的剧毒化学品、易制爆危险化学品的数量、流向，并采取必要的安全防范措施，防止剧毒化学品、易制爆危险化学品丢失或者被盗；发现剧毒化学品、易制爆危险化学品丢失或者被盗的，应当立即向当地公安机关报告。

生产、储存剧毒化学品、易制爆危险化学品的单位，应当设置治安保卫机构，配备专职治安保卫人员。

第二十四条　危险化学品应当储存在专用仓库、专用场地或者专用储存室（以下统称专用仓库）内，并由专人负责管理；剧毒化学品以及储存数量构成重大危险源的其他危险化学品，应当在专用仓库内单独存放，并实行双人收发、双人保管制度。

危险化学品的储存方式、方法以及储存数量应当符合国家标准或者国家有关规定。

第二十五条　储存危险化学品的单位应当建立危险化学品出入库核查、登记制度。

对剧毒化学品以及储存数量构成重大危险源的其他危险化学品，储存单位应当将其储存数量、储存地点以及管理人员的情况，报所在地县级人民政府安全生产监督管理部门（在港区内储存的，报港口行政管理部门）和公安机关备案。

第二十六条　危险化学品专用仓库应当符合国家标准、行业标准的要求，并设置明显的标志。储存剧毒化学品、易制爆危险化学品的专用仓库，应当按照国家有关规定设置相应的技术防范设施。

储存危险化学品的单位应当对其危险化学品专用仓库的安全设施、设备定期进行检测、检验。

第二十七条　生产、储存危险化学品的单位转产、停产、停业或者解散的，应当采取有效措施，及时、妥善处置其危险化学品生产装置、储存设施以及库存的危险化学品，不得丢弃危险化学品；处置方案应当报所在地县级人民政府安全生产监督管理部门、工业和信息化主管部门、环境保护主管部门和公安机关备案。安全生产监督管理部门应当会同环境保护主管部门和公安机关对处置情况进行监督检查，发现未依照规定处置的，应当责令其立即处置。

第三章 使用安全

第二十八条 使用危险化学品的单位,其使用条件(包括工艺)应当符合法律、行政法规的规定和国家标准、行业标准的要求,并根据所使用的危险化学品的种类、危险特性以及使用量和使用方式,建立、健全使用危险化学品的安全管理规章制度和安全操作规程,保证危险化学品的安全使用。

第二十九条 使用危险化学品从事生产并且使用量达到规定数量的化工企业(属于危险化学品生产企业的除外,下同),应当依照本条例的规定取得危险化学品安全使用许可证。

前款规定的危险化学品使用量的数量标准,由国务院安全生产监督管理部门会同国务院公安部门、农业主管部门确定并公布。

第三十条 申请危险化学品安全使用许可证的化工企业,除应当符合本条例第二十八条的规定外,还应当具备下列条件:

(一)有与所使用的危险化学品相适应的专业技术人员;

(二)有安全管理机构和专职安全管理人员;

(三)有符合国家规定的危险化学品事故应急预案和必要的应急救援器材、设备;

(四)依法进行了安全评价。

第三十一条 申请危险化学品安全使用许可证的化工企业,应当向所在地设区的市级人民政府安全生产监督管理部门提出申请,并提交其符合本条例第三十条规定条件的证明材料。设区的市级人民政府安全生产监督管理部门应当依法进行审查,自收到证明材料之日起45日内作出批准或者不予批准的决定。予以批准的,颁发危险化学品安全使用许可证;不予批准的,书面通知申请人并说明理由。

安全生产监督管理部门应当将其颁发危险化学品安全使用许可证的情况及时向同级环境保护主管部门和公安机关通报。

第三十二条　本条例第十六条关于生产实施重点环境管理的危险化学品的企业的规定，适用于使用实施重点环境管理的危险化学品从事生产的企业；第二十条、第二十一条、第二十三条第一款、第二十七条关于生产、储存危险化学品的单位的规定，适用于使用危险化学品的单位；第二十二条关于生产、储存危险化学品的企业的规定，适用于使用危险化学品从事生产的企业。

第四章　经营安全

第三十三条　国家对危险化学品经营（包括仓储经营，下同）实行许可制度。未经许可，任何单位和个人不得经营危险化学品。

依法设立的危险化学品生产企业在其厂区范围内销售本企业生产的危险化学品，不需要取得危险化学品经营许可。

依照《中华人民共和国港口法》的规定取得港口经营许可证的港口经营人，在港区内从事危险化学品仓储经营，不需要取得危险化学品经营许可。

第三十四条　从事危险化学品经营的企业应当具备下列条件：

（一）有符合国家标准、行业标准的经营场所，储存危险化学品的，还应当有符合国家标准、行业标准的储存设施；

（二）从业人员经过专业技术培训并经考核合格；

（三）有健全的安全管理规章制度；

（四）有专职安全管理人员；

（五）有符合国家规定的危险化学品事故应急预案和必要的应急救援器材、设备；

（六）法律、法规规定的其他条件。

第三十五条　从事剧毒化学品、易制爆危险化学品经营的企业，应当向所在地设区的市级人民政府安全生产监督管理部门提出申请，从事其他危险化学品经营的企业，应当向所在地县级人民政府安全生产监督管理部门提出申请（有储存设施的，应当向所在地设区的市级人民政府安全生产监督管理部门提出申请）。申请人应当提交其符合本条例第三十四条规定条件的证明材料。设区的市级人民政府安全生产监督管理部门或者县级人民政府安全生产监督管理部门应当依法进行审查，并对申请人的经营场所、储存设施进行现场核查，自收到证明材料之日起30日内作出批准或者不予批准的决定。予以批准的，颁发危险化学品经营许可证；不予批准的，书面通知申请人并说明理由。

设区的市级人民政府安全生产监督管理部门和县级人民政府安全生产监督管理部门应当将其颁发危险化学品经营许可证的情况及时向同级环境保护主管部门和公安机关通报。

申请人持危险化学品经营许可证向工商行政管理部门办理登记手续后，方可从事危险化学品经营活动。法律、行政法规或者国务院规定经营危险化学品还需要经其他有关部门许可的，申请人向工商行政管理部门办理登记手续时还应当持相应的许可证件。

第三十六条　危险化学品经营企业储存危险化学品的，应当遵守本条例第二章关于储存危险化学品的规定。危险化学品商店内只能存放民用小包装的危险化学品。

第三十七条　危险化学品经营企业不得向未经许可从事危险化学品生产、经营活动的企业采购危险化学品，不得经营没有化学品安全技术说明书或者化学品安全标签的危险化学品。

第三十八条　依法取得危险化学品安全生产许可证、危险化学品安全使用许可证、危险化学品经营许可证的企业，凭相应的许可证件购买剧毒化学品、易制爆危险化学品。民用爆炸物品生产企业凭民用爆炸物品生产许可证购买易制爆危险化学品。

前款规定以外的单位购买剧毒化学品的，应当向所在地县级人民政府公安机关申请取得剧毒化学品购买许可证；购买易制爆危险化学品的，应当持本单位出具的合法用途说明。

个人不得购买剧毒化学品（属于剧毒化学品的农药除外）和易制爆危险化学品。

第三十九条 申请取得剧毒化学品购买许可证，申请人应当向所在地县级人民政府公安机关提交下列材料：

（一）营业执照或者法人证书（登记证书）的复印件；

（二）拟购买的剧毒化学品品种、数量的说明；

（三）购买剧毒化学品用途的说明；

（四）经办人的身份证明。

县级人民政府公安机关应当自收到前款规定的材料之日起3日内，作出批准或者不予批准的决定。予以批准的，颁发剧毒化学品购买许可证；不予批准的，书面通知申请人并说明理由。

剧毒化学品购买许可证管理办法由国务院公安部门制定。

第四十条 危险化学品生产企业、经营企业销售剧毒化学品、易制爆危险化学品，应当查验本条例第三十八条第一款、第二款规定的相关许可证件或者证明文件，不得向不具有相关许可证件或者证明文件的单位销售剧毒化学品、易制爆危险化学品。对持剧毒化学品购买许可证购买剧毒化学品的，应当按照许可证载明的品种、数量销售。

禁止向个人销售剧毒化学品（属于剧毒化学品的农药除外）和易制爆危险化学品。

第四十一条 危险化学品生产企业、经营企业销售剧毒化学品、易制爆危险化学品，应当如实记录购买单位的名称、地址、经办人的姓名、身份证号码以及所购买的剧毒化学品、易制爆危险化学品的品种、数量、用途。销售记录以及经办人的身份证明复印件、相关许可证件复印件或者证明文件的保存期限不得少于1年。

剧毒化学品、易制爆危险化学品的销售企业、购买单位应当在销售、购买后5日内，将所销售、购买的剧毒化学品、易制爆危险化学品的品种、数量以及流向信息报所在地县级人民政府公安机关备案，并输入计算机系统。

第四十二条 使用剧毒化学品、易制爆危险化学品的单位不得出借、转让其购买的剧毒化学品、易制爆危险化学品；因转产、停产、搬迁、关闭等确需转让的,应当向具有本条例第三十八条第一款、第二款规定的相关许可证件或者证明文件的单位转让,并在转让后将有关情况及时向所在地县级人民政府公安机关报告。

第五章 运输安全

　　第四十三条　从事危险化学品道路运输、水路运输的,应当分别依照有关道路运输、水路运输的法律、行政法规的规定,取得危险货物道路运输许可、危险货物水路运输许可,并向工商行政管理部门办理登记手续。

　　危险化学品道路运输企业、水路运输企业应当配备专职安全管理人员。

　　第四十四条　危险化学品道路运输企业、水路运输企业的驾驶人员、船员、装卸管理人员、押运人员、申报人员、集装箱装箱现场检查员应当经交通运输主管部门考核合格,取得从业资格。具体办法由国务院交通运输主管部门制定。

　　危险化学品的装卸作业应当遵守安全作业标准、规程和制度,并在装卸管理人员的现场指挥或者监控下进行。水路运输危险化学品的集装箱装箱作业应当在集装箱装箱现场检查员的指挥或者监控下进行,并符合积载、隔离的规范和要求;装箱作业完毕后,集装箱装箱现场检查员应当签署装箱证明书。

　　第四十五条　运输危险化学品,应当根据危险化学品的危险特性采取相应的安全防护措施,并配备必要的防护用品和应急救援器材。

　　用于运输危险化学品的槽罐以及其他容器应当封口严密,能够防止危险化学品在运输过程中因温度、湿度或者压力的变化发生渗漏、洒漏;槽罐以及其他容器的溢流和泄压装置应当设置准确、起闭灵活。

　　运输危险化学品的驾驶人员、船员、装卸管理人员、押运人员、申报人员、集装箱装箱现场检查员，应当了解所运输的危险化学品的危险特性及其包装物、容器的使用要求和出现危险情况时的应急处置方法。

第四十六条 通过道路运输危险化学品的，托运人应当委托依法取得危险货物道路运输许可的企业承运。

第四十七条 通过道路运输危险化学品的，应当按照运输车辆的核定载质量装载危险化学品，不得超载。

危险化学品运输车辆应当符合国家标准要求的安全技术条件，并按照国家有关规定定期进行安全技术检验。

危险化学品运输车辆应当悬挂或者喷涂符合国家标准要求的警示标志。

第四十八条 通过道路运输危险化学品的，应当配备押运人员，并保证所运输的危险化学品处于押运人员的监控之下。

运输危险化学品途中因住宿或者发生影响正常运输的情况，需要较长时间停车的，驾驶人员、押运人员应当采取相应的安全防范措施；运输剧毒化学品或者易制爆危险化学品的，还应当向当地公安机关报告。

第四十九条 未经公安机关批准，运输危险化学品的车辆不得进入危险化学品运输车辆限制通行的区域。危险化学品运输车辆限制通行的区域由县级人民政府公安机关划定，并设置明显的标志。

第五十条 通过道路运输剧毒化学品的，托运人应当向运输始发地或者目的地县级人民政府公安机关申请剧毒化学品道路运输通行证。

申请剧毒化学品道路运输通行证，托运人应当向县级人民政府公安机关提交下列材料：

（一）拟运输的剧毒化学品品种、数量的说明；

（二）运输始发地、目的地、运输时间和运输路线的说明；

（三）承运人取得危险货物道路运输许可、运输车辆取得营运证以及驾驶人员、押运人员取得上岗资格的证明文件；

（四）本条例第三十八条第一款、第二款规定的购买剧毒化学品的相关许可证件，或者海关出具的进出口证明文件。

县级人民政府公安机关应当自收到前款规定的材料之日起7日内，作出批准或者不予批准的决定。予以批准的，颁发剧毒化学品道路运输通行证；不予批准的，书面通知申请人并说明理由。

剧毒化学品道路运输通行证管理办法由国务院公安部门制定。

第五十一条　剧毒化学品、易制爆危险化学品在道路运输途中丢失、被盗、被抢或者出现流散、泄漏等情况的，驾驶人员、押运人员应当立即采取相应的警示措施和安全措施，并向当地公安机关报告。公安机关接到报告后，应当根据实际情况立即向安全生产监督管理部门、环境保护主管部门、卫生主管部门通报。有关部门应当采取必要的应急处置措施。

第五十二条　通过水路运输危险化学品的，应当遵守法律、行政法规以及国务院交通运输主管部门关于危险货物水路运输安全的规定。

第五十三条　海事管理机构应当根据危险化学品的种类和危险特性，确定船舶运输危险化学品的相关安全运输条件。

拟交付船舶运输的化学品的相关安全运输条件不明确的，货物所有人或者代理人应当委托相关技术机构进行评估，明确相关安全运输条件并经海事管理机构确认后，方可交付船舶运输。

第五十四条　禁止通过内河封闭水域运输剧毒化学品以及国家规定禁止通过内河运输的其他危险化学品。

前款规定以外的内河水域，禁止运输国家规定禁止通过内河运输的剧毒化学品以及其他危险化学品。

禁止通过内河运输的剧毒化学品以及其他危险化学品的范围，由国务院交通运输主管部门会同国务院环境保护主管部门、工业和信息化主管部门、安全生产监督管理部门，根据危险化学品的危险特性、危险化学品对人体和水环境的危害程度以及消除危害后果的难易程度等因素规定并公布。

第五十五条 国务院交通运输主管部门应当根据危险化学品的危险特性，对通过内河运输本条例第五十四条规定以外的危险化学品（以下简称通过内河运输危险化学品）实行分类管理，对各类危险化学品的运输方式、包装规范和安全防护措施等分别作出规定并监督实施。

第五十六条 通过内河运输危险化学品，应当由依法取得危险货物水路运输许可的水路运输企业承运，其他单位和个人不得承运。托运人应当委托依法取得危险货物水路运输许可的水路运输企业承运，不得委托其他单位和个人承运。

第五十七条 通过内河运输危险化学品，应当使用依法取得危险货物适装证书的运输船舶。水路运输企业应当针对所运输的危险化学品的危险特性，制定运输船舶危险化学品事故应急救援预案，并为运输船舶配备充足、有效的应急救援器材和设备。

通过内河运输危险化学品的船舶，其所有人或者经营人应当取得船舶污染损害责任保险证书或者财务担保证明。船舶污染损害责任保险证书或者财务担保证明的副本应当随船携带。

第五十八条 通过内河运输危险化学品，危险化学品包装物的材质、型式、强度以及包装方法应当符合水路运输危险化学品包装规范的要求。国务院交通运输主管部门对单船运输的危险化学品数量有限制性规定的，承运人应当按照规定安排运输数量。

第五十九条 用于危险化学品运输作业的内河码头、泊位应当符合国家有关安全规范，与饮用水取水口保持国家规定的距离。有关管理单位应当制定码头、泊位危险化学品事故应急预案，并为码头、泊位配备充足、有效的应急救援器材和设备。

用于危险化学品运输作业的内河码头、泊位，经交通运输主管部门按照国家有关规定验收合格后方可投入使用。

第六十条 船舶载运危险化学品进出内河港口，应当将危险化学品的名称、危险特性、包装以及进出港时间等事项，事先报告海事管理机构。海事管理机构接到报告后，应当在国务院交通运输主管部门规定的时间内作出是否同意的决定，通知报告人，同时通报港口行政管理部门。定船舶、定航线、定货种的船舶可以定期报告。

在内河港口内进行危险化学品的装卸、过驳作业，应当将危险化学品的名称、危险特性、包装和作业的时间、地点等事项报告港口行政管理部门。港口行政管理部门接到报告后，应当在国务院交通运输主管部门规定的时间内作出是否同意的决定，通知报告人，同时通报海事管理机构。

载运危险化学品的船舶在内河航行，通过过船建筑物的，应当提前向交通运输主管部门申报，并接受交通运输主管部门的管理。

第六十一条 载运危险化学品的船舶在内河航行、装卸或者停泊，应当悬挂专用的警示标志，按照规定显示专用信号。

载运危险化学品的船舶在内河航行，按照国务院交通运输主管部门的规定需要引航的，应当申请引航。

第六十二条 载运危险化学品的船舶在内河航行，应当遵守法律、行政法规和国家其他有关饮用水水源保护的规定。内河航道发展规划应当与依法经批准的饮用水水源保护区划定方案相协调。

第六十三条 托运危险化学品的，托运人应当向承运人说明所托运的危险化学品的种类、数量、危险特性以及发生危险情况的应急处置措施，并按照国家有关规定对所托运的危险化学品妥善包装，在外包装上设置相应的标志。

运输危险化学品需要添加抑制剂或者稳定剂的，托运人应当添加，并将有关情况告知承运人。

第六十四条 托运人不得在托运的普通货物中夹带危险化学品，不得将危险化学品匿报或者谎报为普通货物托运。

任何单位和个人不得交寄危险化学品或者在邮件、快件内夹带危险化学品，不得将危险化学品匿报或者谎报为普通物品交寄。邮政企业、快递企业不得收寄危险化学品。

对涉嫌违反本条第一款、第二款规定的，交通运输主管部门、邮政管理部门可以依法开拆查验。

第六十五条 通过铁路、航空运输危险化学品的安全管理，依照有关铁路、航空运输的法律、行政法规、规章的规定执行。

第六章 危险化学品登记与事故应急救援

第六十六条 国家实行危险化学品登记制度，为危险化学品安全管理以及危险化学品事故预防和应急救援提供技术、信息支持。

第六十七条 危险化学品生产企业、进口企业，应当向国务院安全生产监督管理部门负责危险化学品登记的机构（以下简称危险化学品登记机构）办理危险化学品登记。

危险化学品登记包括下列内容：

（一）分类和标签信息；

（二）物理、化学性质；

（三）主要用途；

（四）危险特性；

（五）储存、使用、运输的安全要求；

（六）出现危险情况的应急处置措施。

对同一企业生产、进口的同一品种的危险化学品，不进行重复登记。危险化学品生产企业、进口企业发现其生产、进口的危险化学品有新的危险特性的，应当及时向危险化学品登记机构办理登记内容变更手续。

危险化学品登记的具体办法由国务院安全生产监督管理部门制定。

第六十八条 危险化学品登记机构应当定期向工业和信息化、环境保护、公安、卫生、交通运输、铁路、质量监督检验检疫等部门提供危险化学品登记的有关信息和资料。

第六十九条 县级以上地方人民政府安全生产监督管理部门应

当会同工业和信息化、环境保护、公安、卫生、交通运输、铁路、质量监督检验检疫等部门，根据本地区实际情况，制定危险化学品事故应急预案，报本级人民政府批准。

第七十条 危险化学品单位应当制定本单位危险化学品事故应急预案，配备应急救援人员和必要的应急救援器材、设备，并定期组织应急救援演练。

危险化学品单位应当将其危险化学品事故应急预案报所在地设区的市级人民政府安全生产监督管理部门备案。

第七十一条 发生危险化学品事故，事故单位主要负责人应当立即按照本单位危险化学品应急预案组织救援，并向当地安全生产监督管理部门和环境保护、公安、卫生主管部门报告；道路运输、水路运输过程中发生危险化学品事故的，驾驶人员、船员或者押运人员还应当向事故发生地交通运输主管部门报告。

第七十二条 发生危险化学品事故，有关地方人民政府应当立即组织安全生产监督管理、环境保护、公安、卫生、交通运输等有关部门，按照本地区危险化学品事故应急预案组织实施救援，不得拖延、推诿。

有关地方人民政府及其有关部门应当按照下列规定，采取必要的应急处置措施，减少事故损失，防止事故蔓延、扩大：

（一）立即组织营救和救治受害人员，疏散、撤离或者采取其他措施保护危害区域内的其他人员；

（二）迅速控制危害源，测定危险化学品的性质、事故的危害区域及危害程度；

（三）针对事故对人体、动植物、土壤、水源、大气造成的现实危害和可能产生的危害，迅速采取封闭、隔离、洗消等措施；

（四）对危险化学品事故造成的环境污染和生态破坏状况进行监测、评估，并采取相应的环境污染治理和生态修复措施。

第七十三条 有关危险化学品单位应当为危险化学品事故应急救援提供技术指导和必要的协助。

第七十四条 危险化学品事故造成环境污染的，由设区的市级以上人民政府环境保护主管部门统一发布有关信息。

第七章 法律责任

第七十五条 生产、经营、使用国家禁止生产、经营、使用的危险化学品的，由安全生产监督管理部门责令停止生产、经营、使用活动，处20万元以上50万元以下的罚款，有违法所得的，没收违法所得；构成犯罪的，依法追究刑事责任。

有前款规定行为的，安全生产监督管理部门还应当责令其对所生产、经营、使用的危险化学品进行无害化处理。违反国家关于危险化学品使用的限制性规定使用危险化学品的，依照本条第一款的规定处理。

第七十六条 未经安全条件审查，新建、改建、扩建生产、储存危险化学品的建设项目的，由安全生产监督管理部门责令停止建设，限期改正；逾期不改正的，处50万元以上100万元以下的罚款；构成犯罪的，依法追究刑事责任。

未经安全条件审查，新建、改建、扩建储存、装卸危险化学品的港口建设项目的，由港口行政管理部门依照前款规定予以处罚。

第七十七条 未依法取得危险化学品安全生产许可证从事危险化学品生产，或者未依法取得工业产品生产许可证从事危险化学品及其包装物、容器生产的，分别依照《安全生产许可证条例》、《中华人民共和国工业产品生产许可证管理条例》的规定处罚。

违反本条例规定，化工企业未取得危险化学品安全使用许可证，使用危险化学品从事生产的，由安全生产监督管理部门责令限期改正，处10万元以上20万元以下的罚款；逾期不改正的，责令停产整顿。

违反本条例规定，未取得危险化学品经营许可证从事危险化学品经营的，由安全生产监督管理部门责令停止经营活动，没收违法经营的危险化学品以及违法所得,并处10万元以上20万元以下的罚款;构成犯罪的,依法追究刑事责任。

第七十八条 有下列情形之一的,由安全生产监督管理部门责令改正,可以处5万元以下的罚款;拒不改正的,处5万元以上10万元以下的罚款;情节严重的,责令停产停业整顿:

(一)生产、储存危险化学品的单位未对其铺设的危险化学品管道设置明显的标志,或者未对危险化学品管道定期检查、检测的;

(二)进行可能危及危险化学品管道安全的施工作业,施工单位未按照规定书面通知管道所属单位,或者未与管道所属单位共同制定应急预案、采取相应的安全防护措施,或者管道所属单位未指派专门人员到现场进行管道安全保护指导的;

(三)危险化学品生产企业未提供化学品安全技术说明书,或者未在包装(包括外包装件)上粘贴、拴挂化学品安全标签的;

(四)危险化学品生产企业提供的化学品安全技术说明书与其生产的危险化学品不相符,或者在包装(包括外包装件)粘贴、拴挂的化学品安全标签与包装内危险化学品不相符,或者化学品安全技术说明书、化学品安全标签所载明的内容不符合国家标准要求的;

(五)危险化学品生产企业发现其生产的危险化学品有新的危险特性不立即公告,或者不及时修订其化学品安全技术说明书和化学品安全标签的;

(六)危险化学品经营企业经营没有化学品安全技术说明书和化学品安全标签的危险化学品的;

(七)危险化学品包装物、容器的材质以及包装的型式、规格、方法和单件质量(重量)与所包装的危险化学品的性质和用途不相适应的;

(八)生产、储存危险化学品的单位未在作业场所和安全设施、设备上设置明显的安全警示标志,或者未在作业场所设置通信、报警装置的；

（九）危险化学品专用仓库未设专人负责管理，或者对储存的剧毒化学品以及储存数量构成重大危险源的其他危险化学品未实行双人收发、双人保管制度的；

（十）储存危险化学品的单位未建立危险化学品出入库核查、登记制度的；

（十一）危险化学品专用仓库未设置明显标志的；

（十二）危险化学品生产企业、进口企业不办理危险化学品登记，或者发现其生产、进口的危险化学品有新的危险特性不办理危险化学品登记内容变更手续的。

从事危险化学品仓储经营的港口经营人有前款规定情形的，由港口行政管理部门依照前款规定予以处罚。储存剧毒化学品、易制爆危险化学品的专用仓库未按照国家有关规定设置相应的技术防范设施的，由公安机关依照前款规定予以处罚。

生产、储存剧毒化学品、易制爆危险化学品的单位未设置治安保卫机构、配备专职治安保卫人员的，依照《企业事业单位内部治安保卫条例》的规定处罚。

第七十九条　危险化学品包装物、容器生产企业销售未经检验或者经检验不合格的危险化学品包装物、容器的，由质量监督检验检疫部门责令改正，处10万元以上20万元以下的罚款，有违法所得的，没收违法所得；拒不改正的，责令停产停业整顿；构成犯罪的，依法追究刑事责任。

将未经检验合格的运输危险化学品的船舶及其配载的容器投入使用的，由海事管理机构依照前款规定予以处罚。

第八十条　生产、储存、使用危险化学品的单位有下列情形之一的，由安全生产监督管理部门责令改正，处5万元以上10万元以下的罚款；拒不改正的，责令停产停业整顿直至由原发证机关吊销其相关许可证件，并由工商行政管理部门责令其办理经营范围变更登记或者吊销其营业执照；有关责任人员构成犯罪的，依法追究刑事责任：

（一）对重复使用的危险化学品包装物、容器，在重复使用前不进行检查的；

（二）未根据其生产、储存的危险化学品的种类和危险特性，在作业场所设置相关安全设施、设备，或者未按照国家标准、行业标准或者国家有关规定对安全设施、设备进行经常性维护、保养的；

（三）未依照本条例规定对其安全生产条件定期进行安全评价的；

（四）未将危险化学品储存在专用仓库内，或者未将剧毒化学品以及储存数量构成重大危险源的其他危险化学品在专用仓库内单独存放的；

（五）危险化学品的储存方式、方法或者储存数量不符合国家标准或者国家有关规定的；

（六）危险化学品专用仓库不符合国家标准、行业标准的要求的；

（七）未对危险化学品专用仓库的安全设施、设备定期进行检测、检验的。

从事危险化学品仓储经营的港口经营人有前款规定情形的，由港口行政管理部门依照前款规定予以处罚。

第八十一条 有下列情形之一的，由公安机关责令改正，可以处1万元以下的罚款；拒不改正的，处1万元以上5万元以下的罚款：

（一）生产、储存、使用剧毒化学品、易制爆危险化学品的单位不如实记录生产、储存、使用的剧毒化学品、易制爆危险化学品的数量、流向的；

（二）生产、储存、使用剧毒化学品、易制爆危险化学品的单位发现剧毒化学品、易制爆危险化学品丢失或者被盗，不立即向公安机关报告的；

（三）储存剧毒化学品的单位未将剧毒化学品的储存数量、储存地点以及管理人员的情况报所在地县级人民政府公安机关备案的；

（四）危险化学品生产企业、经营企业不如实记录剧毒化学品、易制爆危险化学品购买单位的名称、地址、经办人的姓名、身份证号码以及所购买的剧毒化学品、易制爆危险化学品的品种、数量、用途，或者保存销售记录和相关材料的时间少于1年的；

（五）剧毒化学品、易制爆危险化学品的销售企业、购买单位未在规定的时限内将所销售、购买的剧毒化学品、易制爆危险化学品的品种、数量以及流向信息报所在地县级人民政府公安机关备案的；

（六）使用剧毒化学品、易制爆危险化学品的单位依照本条例规定转让其购买的剧毒化学品、易制爆危险化学品，未将有关情况向所在地县级人民政府公安机关报告的。

生产、储存危险化学品的企业或者使用危险化学品从事生产的企业未按照本条例规定将安全评价报告以及整改方案的落实情况报安全生产监督管理部门或者港口行政管理部门备案，或者储存危险化学品的单位未将其剧毒化学品以及储存数量构成重大危险源的其他危险化学品的储存数量、储存地点以及管理人员的情况报安全生产监督管理部门或者港口行政管理部门备案的，分别由安全生产监督管理部门或者港口行政管理部门依照前款规定予以处罚。

生产实施重点环境管理的危险化学品的企业或者使用实施重点环境管理的危险化学品从事生产的企业未按照规定将相关信息向环境保护主管部门报告的，由环境保护主管部门依照本条第一款的规定予以处罚。

第八十二条 生产、储存、使用危险化学品的单位转产、停产、停业或者解散，未采取有效措施及时、妥善处置其危险化学品生产装置、储存设施以及库存的危险化学品，或者丢弃危险化学品的，由安全生产监督管理部门责令改正，处5万元以上10万元以下的罚款；构成犯罪的，依法追究刑事责任。

生产、储存、使用危险化学品的单位转产、停产、停业或者解散，未依照本条例规定将其危险化学品生产装置、储存设施以及库存危险化学品的处置方案报有关部门备案的,分别由有关部门责令改正,可以处 1 万元以下的罚款;拒不改正的,处 1 万元以上 5 万元以下的罚款。

第八十三条 危险化学品经营企业向未经许可违法从事危险化学品生产、经营活动的企业采购危险化学品的,由工商行政管理部门责令改正,处 10 万元以上 20 万元以下的罚款;拒不改正的,责令停业整顿直至由原发证机关吊销其危险化学品经营许可证,并由工商行政管理部门责令其办理经营范围变更登记或者吊销其营业执照。

第八十四条 危险化学品生产企业、经营企业有下列情形之一的,由安全生产监督管理部门责令改正,没收违法所得,并处 10 万元以上 20 万元以下的罚款;拒不改正的,责令停产停业整顿直至吊销其危险化学品安全生产许可证、危险化学品经营许可证,并由工商行政管理部门责令其办理经营范围变更登记或者吊销其营业执照:

(一)向不具有本条例第三十八条第一款、第二款规定的相关许可证件或者证明文件的单位销售剧毒化学品、易制爆危险化学品的;

(二)不按照剧毒化学品购买许可证载明的品种、数量销售剧毒化学品的;

(三)向个人销售剧毒化学品(属于剧毒化学品的农药除外)、易制爆危险化学品的。

不具有本条例第三十八条第一款、第二款规定的相关许可证件或者证明文件的单位购买剧毒化学品、易制爆危险化学品,或者个人购买剧毒化学品(属于剧毒化学品的农药除外)、易制爆危险化学品的,由公安机关没收所购买的剧毒化学品、易制爆危险化学品,可以并处 5000 元以下的罚款。

使用剧毒化学品、易制爆危险化学品的单位出借或者向不具有本条例第三十八条第一款、第二款规定的相关许可证件的单位转让其购买的剧毒化学品、易制爆危险化学品,或者向个人转让其购买的剧毒化学品(属于剧毒化学品的农药除外)、易制爆危险化学品的,由公安机关责令改正,处 10 万元以上 20 万元以下的罚款;拒不改正的，责令停产停业整顿。

第八十五条 未依法取得危险货物道路运输许可、危险货物水路运输许可，从事危险化学品道路运输、水路运输的，分别依照有关道路运输、水路运输的法律、行政法规的规定处罚。

第八十六条 有下列情形之一的，由交通运输主管部门责令改正，处5万元以上10万元以下的罚款；拒不改正的，责令停产停业整顿；构成犯罪的，依法追究刑事责任：

（一）危险化学品道路运输企业、水路运输企业的驾驶人员、船员、装卸管理人员、押运人员、申报人员、集装箱装箱现场检查员未取得从业资格上岗作业的；

（二）运输危险化学品，未根据危险化学品的危险特性采取相应的安全防护措施，或者未配备必要的防护用品和应急救援器材的；

（三）使用未依法取得危险货物适装证书的船舶，通过内河运输危险化学品的；

（四）通过内河运输危险化学品的承运人违反国务院交通运输主管部门对单船运输的危险化学品数量的限制性规定运输危险化学品的；

（五）用于危险化学品运输作业的内河码头、泊位不符合国家有关安全规范，或者未与饮用水取水口保持国家规定的安全距离，或者未经交通运输主管部门验收合格投入使用的；

（六）托运人不向承运人说明所托运的危险化学品的种类、数量、危险特性以及发生危险情况的应急处置措施，或者未按照国家有关规定对所托运的危险化学品妥善包装并在外包装上设置相应标志的；

（七）运输危险化学品需要添加抑制剂或者稳定剂，托运人未添加或者未将有关情况告知承运人的。

第八十七条 有下列情形之一的，由交通运输主管部门责令改正，处10万元以上20万元以下的罚款，有违法所得的，没收违法所得；拒不改正的，责令停产停业整顿；构成犯罪的，依法追究刑事责任：

（一）委托未依法取得危险货物道路运输许可、危险货物水路运输许可的企业承运危险化学品的；

（二）通过内河封闭水域运输剧毒化学品以及国家规定禁止通过内河运输的其他危险化学品的；

（三）通过内河运输国家规定禁止通过内河运输的剧毒化学品以及其他危险化学品的；

（四）在托运的普通货物中夹带危险化学品，或者将危险化学品谎报或者匿报为普通货物托运的。

在邮件、快件内夹带危险化学品，或者将危险化学品谎报为普通物品交寄的，依法给予治安管理处罚；构成犯罪的，依法追究刑事责任。

邮政企业、快递企业收寄危险化学品的，依照《中华人民共和国邮政法》的规定处罚。

第八十八条　有下列情形之一的，由公安机关责令改正，处5万元以上10万元以下的罚款；构成违反治安管理行为的，依法给予治安管理处罚；构成犯罪的，依法追究刑事责任：

（一）超过运输车辆的核定载质量装载危险化学品的；

（二）使用安全技术条件不符合国家标准要求的车辆运输危险化学品的；

（三）运输危险化学品的车辆未经公安机关批准进入危险化学品运输车辆限制通行的区域的；

（四）未取得剧毒化学品道路运输通行证，通过道路运输剧毒化学品的。

第八十九条　有下列情形之一的，由公安机关责令改正，处1万元以上5万元以下的罚款；构成违反治安管理行为的，依法给予治安管理处罚：

（一）危险化学品运输车辆未悬挂或者喷涂警示标志，或者悬挂或者喷涂的警示标志不符合国家标准要求的；

（二）通过道路运输危险化学品，不配备押运人员的；

（三）运输剧毒化学品或者易制爆危险化学品途中需要较长时间停车，驾驶人员、押运人员不向当地公安机关报告的；

（四）剧毒化学品、易制爆危险化学品在道路运输途中丢失、被盗、被抢或者发生流散、泄露等情况，驾驶人员、押运人员不采取必要的警示措施和安全措施，或者不向当地公安机关报告的。

第九十条 对发生交通事故负有全部责任或者主要责任的危险化学品道路运输企业，由公安机关责令消除安全隐患，未消除安全隐患的危险化学品运输车辆，禁止上道路行驶。

第九十一条 有下列情形之一的，由交通运输主管部门责令改正，可以处1万元以下的罚款；拒不改正的，处1万元以上5万元以下的罚款：

（一）危险化学品道路运输企业、水路运输企业未配备专职安全管理人员的；

（二）用于危险化学品运输作业的内河码头、泊位的管理单位未制定码头、泊位危险化学品事故应急救援预案，或者未为码头、泊位配备充足、有效的应急救援器材和设备的。

第九十二条 有下列情形之一的，依照《中华人民共和国内河交通安全管理条例》的规定处罚：

（一）通过内河运输危险化学品的水路运输企业未制定运输船舶危险化学品事故应急救援预案，或者未为运输船舶配备充足、有效的应急救援器材和设备的；

（二）通过内河运输危险化学品的船舶的所有人或者经营人未取得船舶污染损害责任保险证书或者财务担保证明的；

（三）船舶载运危险化学品进出内河港口，未将有关事项事先报告海事管理机构并经其同意的；

（四）载运危险化学品的船舶在内河航行、装卸或者停泊，未悬挂专用的警示标志，或者未按照规定显示专用信号，或者未按照规定申请引航的。

未向港口行政管理部门报告并经其同意，在港口内进行危险化学品的装卸、过驳作业的,依照《中华人民共和国港口法》的规定处罚。

第九十三条 伪造、变造或者出租、出借、转让危险化学品安全生产许可证、工业产品生产许可证,或者使用伪造、变造的危险化学品安全生产许可证、工业产品生产许可证的,分别依照《安全生产许可证条例》、《中华人民共和国工业产品生产许可证管理条例》的规定处罚。

伪造、变造或者出租、出借、转让本条例规定的其他许可证,或者使用伪造、变造的本条例规定的其他许可证的,分别由相关许可证的颁发管理机关处10万元以上20万元以下的罚款,有违法所得的,没收违法所得;构成违反治安管理行为的,依法给予治安管理处罚;构成犯罪的,依法追究刑事责任。

第九十四条 危险化学品单位发生危险化学品事故,其主要负责人不立即组织救援或者不立即向有关部门报告的,依照《生产安全事故报告和调查处理条例》的规定处罚。

危险化学品单位发生危险化学品事故,造成他人人身伤害或者财产损失的,依法承担赔偿责任。

第九十五条 发生危险化学品事故,有关地方人民政府及其有关部门不立即组织实施救援,或者不采取必要的应急处置措施减少事故损失,防止事故蔓延、扩大的,对直接负责的主管人员和其他直接责任人员依法给予处分;构成犯罪的,依法追究刑事责任。

第九十六条 负有危险化学品安全监督管理职责的部门的工作人员,在危险化学品安全监督管理工作中滥用职权、玩忽职守、徇私舞弊,构成犯罪的,依法追究刑事责任;尚不构成犯罪的,依法给予处分。

第八章 附 则

第九十七条 监控化学品、属于危险化学品的药品和农药的安全管理，依照本条例的规定执行；法律、行政法规另有规定的，依照其规定。

民用爆炸物品、烟花爆竹、放射性物品、核能物质以及用于国防科研生产的危险化学品的安全管理，不适用本条例。

法律、行政法规对燃气的安全管理另有规定的，依照其规定。

危险化学品容器属于特种设备的，其安全管理依照有关特种设备安全的法律、行政法规的规定执行。

第九十八条　危险化学品的进出口管理，依照有关对外贸易的法律、行政法规、规章的规定执行；进口的危险化学品的储存、使用、经营、运输的安全管理，依照本条例的规定执行。

危险化学品环境管理登记和新化学物质环境管理登记，依照有关环境保护的法律、行政法规、规章的规定执行。危险化学品环境管理登记，按照国家有关规定收取费用。

第九十九条　公众发现、捡拾的无主危险化学品，由公安机关接收。公安机关接收或者有关部门依法没收的危险化学品，需要进行无害化处理的，交由环境保护主管部门组织其认定的专业单位进行处理，或者交由有关危险化学品生产企业进行处理。处理所需费用由国家财政负担。

第一百条　化学品的危险特性尚未确定的，由国务院安全生产监督管理部门、国务院环境保护主管部门、国务院卫生主管部门分别负责组织对该化学品的物理危险性、环境危害性、毒理特性进行鉴定。根据鉴定结果，需要调整危险化学品目录的，依照本条例第三条第二款的规定办理。

第一百〇一条　本条例施行前已经使用危险化学品从事生产的化工企业，依照本条例规定需要取得危险化学品安全使用许可证的，应当在国务院安全生产监督管理部门规定的期限内，申请取得危险化学品安全使用许可证。

第一百〇二条　本条例自2011年12月1日起施行。

禁止洋垃圾入境推进固体废物进口管理制度改革实施方案

国务院办公厅关于印发禁止洋垃圾入境推进
固体废物进口管理制度改革实施方案的通知
国办发〔2017〕70号

各省、自治区、直辖市人民政府,国务院各部委、各直属机构:

《禁止洋垃圾入境推进固体废物进口管理制度改革实施方案》已经国务院同意,现印发给你们,请认真贯彻执行。

国务院办公厅
2017年7月18日

(本文有删减)

20世纪80年代以来,为缓解原料不足,我国开始从境外进口可用作原料的固体废物。同时,为加强管理,防范环境风险,逐步建立了较为完善的固体废物进口管理制度体系。近年来,各地区、各有关部门在打击洋垃圾走私、加强进口固体废物监管方面做了大量工作,取得一定成效。但是由于一些地方仍然存在重发展轻环保的思想，部分企业为谋取非法利益不惜铤而走险，洋垃圾非法入境问题屡禁不绝，严重危害人民群众身体健康和我国生态环境安全。按照党中央、国务院关于推进生态文明建设和生态文明体制改革的决策部署，为全面禁止洋垃圾入境，推进固体废物进口管理制度改革，促进国内固体废物无害化、资源化利用，保护生态环境安全和人民群众身体健康，制定以下方案。

一、总体要求

（一）指导思想。全面贯彻党的十八大和十八届三中、四中、五中、六中全会精神，深入贯彻习近平总书记系列重要讲话精神和治国理政新理念新思想新战略，认真落实党中央、国务院决策部署，统筹推进"五位一体"总体布局和协调推进"四个全面"战略布局，牢固树立和贯彻落实创新、协调、绿色、开放、共享的发展理念，坚持以人民为中心的发展思想，坚持稳中求进工作总基调，以提高发展质量和效益为中心，以供给侧结构性改革为主线，以深化改革为动力，全面禁止洋垃圾入境，完善进口固体废物管理制度；切实加强固体废物回收利用管理，大力发展循环经济，切实改善环境质量、维护国家生态环境安全和人民群众身体健康。

（二）基本原则。坚持疏堵结合、标本兼治。调整完善进口固体废物管理政策，持续保持高压态势，严厉打击洋垃圾走私；提升国内固体废物回收利用水平。

坚持稳妥推进、分类施策。根据环境风险、产业发展现状等因素，分行业分种类制定禁止进口的时间表，分批分类调整进口固体废物管理目录；综合运用法律、经济、行政手段，大幅减少进口种类和数量，全面禁止洋垃圾入境。

坚持协调配合、狠抓落实。各部门要按照职责分工，密切配合、齐抓共管，形成工作合力，加强跟踪督查，确保各项任务按照时间节点落地见效。地方各级人民政府要落实主体责任，切实做好固体废物集散地综合整治、产业转型发展、人员就业安置等工作。

（三）主要目标。严格固体废物进口管理，2017年年底前，全面禁止进口环境危害大、群众反映强烈的固体废物；2019年年底前，逐步停止进口国内资源可以替代的固体废物。通过持续加强对固体废物进口、运输、利用等各环节的监管，确保生态环境安全。保持打击洋垃圾走私高压态势，彻底堵住洋垃圾入境。强化资源节约集约利用，全面提升国内固体废物无害化、资源化利用水平，逐步补齐国内资源缺口，为建设美丽中国和全面建成小康社会提供有力保障。

二、完善堵住洋垃圾进口的监管制度

（四）禁止进口环境危害大、群众反映强烈的固体废物。2017年7月底前，调整进口固体废物管理目录；2017年年底前，禁止进口生活来源废塑料、未经分拣的废纸以及纺织废料、钒渣等品种。（环境保护部、商务部、国家发展改革委、海关总署、质检总局负责落实）

（五）逐步有序减少固体废物进口种类和数量。分批分类调整进口固体废物管理目录，大幅减少固体废物进口种类和数量。（环境保护部、商务部、国家发展改革委、海关总署、质检总局负责落实，2019年年底前完成）

（六）提高固体废物进口门槛。进一步加严标准，修订《进口可用作原料的固体废物环境保护控制标准》，加严夹带物控制指标。（环境保护部、质检总局负责落实，2017年年底前完成）印发《进口废纸环境保护管理规定》，提高进口废纸加工利用企业规模要求。（环境保护部负责落实，2017年年底前完成）

（七）完善法律法规和相关制度。修订《固体废物进口管理办法》，限定固体废物进口口岸，减少固体废物进口口岸数量。（环境保护部、商务部、国家发展改革委、海关总署、质检总局负责落实,2018年年底前完成)完善固体废物进口许可证制度,取消贸易单位代理进口。(环境保护部、商务部、国家发展改革委、海关总署、质检总局负责落实,2017年年底前完成)增加固体废物鉴别单位数量,解决鉴别难等突出问题。(环境保护部、海关总署、质检总局负责落实,2017年年底前完成)适时提请修订《中华人民共和国固体废物污染环境防治法》等法律法规,提高对走私洋垃圾、非法进口固体废物等行为的处罚标准。(环境保护部、海关总署、质检总局、国务院法制办负责落实,2019年年底前完成)

(八)保障政策平稳过渡。做好政策解读和舆情引导工作,依法依规公开政策调整实施的时间节点、管理要求。(中央宣传部、国家网信办、环境保护部、商务部、国家发展改革委、海关总署、质检总局负责落实,2020年年底前完成)综合运用现有政策措施,促进行业转型,优化产业结构,做好相关从业人员再就业等保障工作。(各有关地方人民政府负责落实,2020年年底前完成)

三、强化洋垃圾非法入境管控

(九)持续严厉打击洋垃圾走私。将打击洋垃圾走私作为海关工作的重中之重,严厉查处走私危险废物、医疗废物、电子废物、生活垃圾等违法行为。深入推进各类专项打私行动,加大海上和沿边非设关地打私工作力度,封堵洋垃圾偷运入境通道,严厉打击货运渠道藏匿、伪报、瞒报、倒证倒货等走私行为。对专项打私行动中发现的洋垃圾,坚决依法予以退运或销毁。(海关总署、公安部、中国海警局负责长期落实)联合开展强化监管严厉打击洋垃圾违法专项行动,重点打击走私、非法进口利用废塑料、废纸、生活垃圾、电子废物、废旧服装等固体废物的各类违法行为。(海关总署、环境保护部、质检总局、公安部负责落实,2017年11月底前完成)对废塑料进口及加工利用企业开展联合专项稽查,重点查处倒卖证件、倒卖货物、企业资质不符等问题。(海关总署、环境保护部、

质检总局负责落实，2017年11月底前完成）

（十）加大全过程监管力度。从严审查进口固体废物申请，减量审批固体废物进口许可证，控制许可进口总量。（环境保护部负责长期落实）加强进口固体废物装运前现场检验、结果审核、证书签发等关键控制点的监督管理，强化入境检验检疫，严格执行现场开箱、掏箱规定和查验标准。（质检总局负责长期落实）进一步加大进口固体废物查验力度，严格落实"三个100%"（已配备集装箱检查设备的100%过机，没有配备集装箱检查设备的100%开箱，以及100%过磅）查验要求。（海关总署负责长期落实）加强对重点风险监管企业的现场检查，严厉查处倒卖、非法加工利用进口固体废物以及其他环境违法行为。（环境保护部、海关总署负责长期落实）

（十一）全面整治固体废物集散地。开展全国典型废塑料、废旧服装和电子废物等废物堆放处置利用集散地专项整治行动。贯彻落实《土壤污染防治行动计划》，督促各有关地方人民政府对电子废物、废轮胎、废塑料等再生利用活动进行清理整顿，整治情况列入中央环保督察重点内容。（环境保护部、国家发展改革委、工业和信息化部、商务部、工商总局、各有关地方人民政府负责落实，2017年年底前完成）

四、建立堵住洋垃圾入境长效机制

（十二）落实企业主体责任。强化日常执法监管，加大对走私洋垃圾、非法进口固体废物、倒卖或非法加工利用固体废物等违法犯罪行为的查处力度。加强法治宣传培训，进一步提高企业守法意识。（海关总署、环境保护部、公安部、质检总局负责长期落实）建立健全中央与地方、部门与部门之间执法信息共享机制，将固体废物利用处置违法企业信息在全国信用信息共享平台、"信用中国"网站和国家企业信用信息公示系统上公示，开展联合惩戒。（国家

发展改革委、工业和信息化部、公安部、财政部、环境保护部、商务部、海关总署、工商总局、质检总局等负责长期落实）

（十三）建立国际合作机制。推动与越南等东盟国家建立洋垃圾反走私合作机制，适时发起区域性联合执法行动。利用国际执法合作渠道，强化洋垃圾境外源头地情报研判，加强与世界海关组织、国际刑警组织、联合国环境规划署等机构的合作，建立完善走私洋垃圾退运国际合作机制。（海关总署、公安部、环境保护部负责长期落实）

（十四）开拓新的再生资源渠道。推动贸易和加工模式转变，主动为国内企业"走出去"提供服务，指导相关企业遵守所在国的法律法规，爱护当地资源和环境，维护中国企业良好形象。（国家发展改革委、工业和信息化部、商务部负责长期落实）

五、提升国内固体废物回收利用水平

（十五）提高国内固体废物回收利用率。加快国内固体废物回收利用体系建设，建立健全生产者责任延伸制，推进城乡生活垃圾分类，提高国内固体废物的回收利用率，到2020年，将国内固体废物回收量由2015年的2.46亿吨提高到3.5亿吨。（国家发展改革委、工业和信息化部、商务部、住房城乡建设部负责落实）

（十六）规范国内固体废物加工利用产业发展。发挥"城市矿产"示范基地、资源再生利用重大示范工程、循环经济示范园区等的引领作用和回收利用骨干企业的带动作用，完善再生资源回收利用基础设施，促进国内固体废物加工利用园区化、规模化和清洁化发展。（国家发展改革委、工业和信息化部、商务部负责长期落实）

（十七）加大科技研发力度。提升固体废物资源化利用装备技术水平。提高废弃电器电子产品、报废汽车拆解利用水平。鼓励和支持企业联合科研院所、高校开展非木纤维造纸技术装备研发和产业化，着力提高竹子、芦苇、蔗渣、秸秆等非木纤维应用水平，加

大非木纤维清洁制浆技术推广力度。(国家发展改革委、工业和信息化部、科技部、商务部负责长期落实)

(十八)切实加强宣传引导。加大对固体废物进口管理和打击洋垃圾走私成效的宣传力度,及时公开违法犯罪典型案例,彰显我国保护生态环境安全和人民群众身体健康的坚定决心。积极引导公众参与垃圾分类,倡导绿色消费,抵制过度包装。大力推进"互联网+"订货、设计、生产、销售、物流模式,倡导节约使用纸张、塑料等,努力营造全社会共同支持、积极践行保护环境和节约资源的良好氛围。(中央宣传部、国家发展改革委、工业和信息化部、环境保护部、住房城乡建设部、商务部、海关总署、质检总局、国家网信办负责长期落实)

进口废塑料环境保护管理规定

环境保护部关于发布《进口废塑料
环境保护管理规定》的公告
2013 年第 3 号

为进一步完善可用作原料的固体废物进口管理工作，依据《中华人民共和国固体废物污染环境防治法》，我部制定了《进口废塑料环境保护管理规定》。现予以公布，自 2013 年 4 月 1 日起施行。

环境保护部
2013 年 1 月 18 日

一、适用范围

本规定适用于《限制进口类可用作原料的固体废物目录》中"塑料废碎料及下脚料"类进口废塑料的环境保护管理。特定种类进口废塑料有专门环境保护管理规定的，还应符合专门环境保护管理规定的要求。

二、加工利用企业类型

以下类型之一的企业可以申请进口废塑料加工利用：

（一）以 PET 为原料的化纤类生产企业；

（二）塑料制品类生产企业（包括使用废塑料为原料的其他制品类企业）；

（三）塑料再生造粒类企业（再生 PET 片生产企业除外）；

（四）同一加工场地设备年生产能力不小于 3 万吨的再生 PET 片生产企业（仅限于申请进口 PET 的废碎料及下脚料）。

上述企业不包括超薄型（厚度低于 0.025 毫米）塑料购物袋、超薄型（厚度低于 0.015 毫米）塑料袋生产企业，直接接触药品、饮料、食品以及食品添加剂的塑料制品生产企业。

三、加工利用企业环境保护要求

进口废塑料的加工利用企业应当符合以下环境保护要求：

（一）符合《固体废物进口管理办法》、《进口可用作原料的固体废物环境保护管理规定》、《废塑料加工利用污染防治管理规定》；

（二）符合《废塑料回收与再生利用污染控制技术规范（试行）》以及地方相关技术规范和要求；

（三）加工利用企业及其法定代表人或者所委托的代理进口企业及其法定代表人，近两年内没有以下违法行为的：

1. 进口未经加工清洗等方式处理干净的使用过的废塑料，特别是未经加工清洗等方式处理干净的使用过的混合颜色膜状废塑料；

2. 将进口的废塑料全部或者部分转让给进口许可证载明的利用企业以外的单位或者个人，包括将进口废塑料委托给其他企业代为清洗。

（四）近一年内没有以下污染环境行为的：

1. 进口废塑料分拣或加工利用过程产生的残余废塑料未进行无害化利用或处置的，包括将上述残余废塑料未经加工清洗等方式处理干净直接出售，以及交由个人及不符合环境保护要求的企业进行利用或处置；

2. 塑料挤出机过滤网片未进行无害化利用或处置的，包括自行在无燃烧设备和烟气净化装置的条件下焚烧处理，以及交由个人及不符合环境保护要求的企业利用或处置。

（五）具有附1所列的加工利用废塑料的设施、设备、场地及配套的污染防治设施和措施，并经所在地设区的市级以上环境保护主管部门组织考核合格。

四、其他规定

申请材料及相关证明材料要求、申请、审批和监督管理，变更、遗失和延期处理等程序，应当执行《进口可用作原料的固体废物环境保护管理规定》。此外，还应当提供以下证明材料：

（一）本规定实施后首次申请进口废塑料的加工利用企业，应当提交所在地设区的市级以上环境保护主管部门出具的考核表（见附1），以及省级环境保护行政主管部门根据企业加工利用场地所在地县级以上地方环境保护行政主管部门的监督管理情况出具的监督管理情况及初审意见表。考核表有效期三年；有效期内加工企业有新、改、扩建项目的，应当重新考核。

再次申请进口废塑料的加工利用企业，应当提交省级环境保护行政主管部门根据企业加工利用场地所在地县级以上地方环境保护行政主管部门的监督管理情况出具的监督管理情况及初审意见表。考核表过期的，应当重新考核并提交。

（二）加工利用企业和代理进口企业的环境保护相关管理人员经省级以上环境保护部门培训合格的证明，如结业证复印件等。

附　录

对外投资合作环境保护指南

商务部　环境保护部关于印发
《对外投资合作环境保护指南》的通知
商合函〔2013〕74号

各省、自治区、直辖市、计划单列市及新疆生产建设兵团商务主管部门、环境保护部门，各中央企业：

　　为指导我国企业在对外投资合作中进一步规范环境保护行为，引导企业积极履行环境保护社会责任，推动对外投资合作可持续发展，我们制定了《对外投资合作环境保护指南》(以下简称《指南》)，现予印发。

　　请各地商务主管部门、环境保护部门加强对《指南》的宣传，指导我企业在对外投资合作中提高环境保护意识，了解并遵守东道国环境保护政策法规，实现互利共赢。

商务部　环境保护部
2013年2月18日

　　第一条　为指导中国企业进一步规范对外投资合作活动中的环境保护行为，及时识别和防范环境风险，引导企业积极履行环境保护社会责任，树立中国企业良好对外形象，支持东道国的可持续发展，制定本指南。

第二条 本指南适用于中国企业对外投资合作活动中的环境保护，由企业自觉遵守。

第三条 倡导企业在积极履行环境保护责任的过程中，尊重东道国社区居民的宗教信仰、文化传统和民族风俗，保障劳工合法权益，为周边地区居民提供培训、就业和再就业机会，促进当地经济、环境和社区协调发展，在互利互惠基础上开展合作。

第四条 企业应当秉承环境友好、资源节约的理念，发展低碳、绿色经济，实施可持续发展战略，实现自身盈利和环境保护"双赢"。

第五条 企业应当了解并遵守东道国与环境保护相关的法律法规的规定。

企业投资建设和运营的项目，应当依照东道国法律法规规定，申请当地政府环境保护方面的相关许可。

第六条 企业应当将环境保护纳入企业发展战略和生产经营计划，建立相应的环境保护规章制度，强化企业的环境、健康和生产安全管理。鼓励企业使用综合环境服务。

第七条 企业应当建立健全环境保护培训制度，向员工提供适当的环境、健康与生产安全方面的教育和培训，使员工了解和熟悉东道国相关环境保护法律法规规定，掌握有关害物质处理、环境事故预防以及其他环境知识，提高企业员工守法意识和环保素质。

第八条 企业应当根据东道国的法律法规要求，对其开发建设和生产经营活动开展环境影响评价，并根据环境影响评价结果，采取合理措施降低可能产生的不利影响。

第九条 鼓励企业充分考虑其开发建设和生产经营活动对历史文化遗产、风景名胜、民风民俗等社会环境的影响，采取合理措施减少可能产生的不利影响。

第十条 企业应当按照东道国环境保护法律法规和标准的要求，建设和运行污染防治设施，开展污染防治工作，废气、废水、固体废物或其他污染物的排放应当符合东道国污染物排放标准规定。

第十一条 鼓励企业在项目建设前,对拟选址建设区域开展环境监测和评估,掌握项目所在地及其周围区域的环境本底状况,并将环境监测和评估结果备案保存。

鼓励企业对排放的主要污染物开展监测,随时掌握企业的污染状况,并对监测结果进行记录和存档。

第十二条 鼓励企业在收购境外企业前,对目标企业开展环境尽职调查,重点评估其在历史经营活动中形成的危险废物、土壤和地下水污染等情况,以及目标企业与此相关的环境债务。鼓励企业采取良好环境实践,降低潜在环境负债风险。

第十三条 企业对生产过程中可能产生的危险废物,应当制订管理计划。计划内容应当包括减少危险废物产生量和危害性的措施,以及危险废物贮存、运输、利用、处置措施。

第十四条 企业对可能存在的环境事故风险,应当根据环境事故和其他突发事件的性质、特点和可能造成的环境危害,制订环境事故和其他突发事件的应急预案,并建立向当地政府、环境保护监管机构、可能受到影响的社会公众以及中国企业总部报告、沟通的制度。

应急预案的内容包括应急管理工作的组织体系与职责、预防与预警机制、处置程序、应急保障以及事后恢复与重建等。鼓励企业组织预案演练,并及时对预案进行调整。

鼓励企业采取投保环境污染责任保险等手段,合理分散环境事故风险。

第十五条 企业应当审慎考虑所在区域的生态功能定位,对于可能受到影响的具有保护价值的动、植物资源,企业可以在东道国政府及社区的配合下,优先采取就地、就近保护等措施,减少对当地生物多样性的不利影响。

对于由投资活动造成的生态影响,鼓励企业根据东道国法律法规要求或者行业通行做法,做好生态恢复。

第十六条　鼓励企业开展清洁生产,推进循环利用,从源头削减污染,提高资源利用效率,减少生产、服务和产品使用过程中污染物的产生和排放。

第十七条　鼓励企业实施绿色采购,优先购买环境友好产品。

鼓励企业按照东道国法律法规的规定,申请有关环境管理体系认证和相关产品的环境标志认证。

第十八条　鼓励企业定期发布本企业环境信息,公布企业执行环境保护法律法规的计划、采取的措施和取得的环境绩效情况等。

第十九条　鼓励企业加强与东道国政府环境保护监管机构的联系与沟通,积极征求其对环境保护问题的意见和建议。

第二十条　倡导企业建立企业环境社会责任沟通方式和对话机制,主动加强与所在社区和相关社会团体的联系与沟通,并可以依照东道国法律法规要求,采取座谈会、听证会等方式,就本企业建设项目和经营活动的环境影响听取意见和建议。

第二十一条　鼓励企业积极参与和支持当地的环境保护公益活动,宣传环境保护理念,树立企业良好环境形象。

第二十二条　鼓励企业研究和借鉴国际组织、多边金融机构采用的有关环境保护的原则、标准和惯例。

限制进口类可用作原料的
固体废物环境保护管理规定

关于发布《限制进口类可用作原料的
固体废物环境保护管理规定》的公告
2015 年第 70 号

为进一步完善可用作原料的固体废物进口管理工作,依据《中华人民共和国固体废物污染环境防治法》,结合第十二届全国人大常委会第十四次会议对《中华人民共和国固体废物污染环境防治法》作出的修订内容,我部制定了《限制进口类可用作原料的固体废物环境保护管理规定》。现予以公布,自发布之日起施行。

《进口废钢铁环境保护管理规定》(环境保护部公告 2009 年第 66 号)、《进口可用作原料的固体废物环境保护管理规定》(环境保护部公告 2011 年第 23 号)同时废止。

环境保护部
2015 年 11 月 17 日

一、适用范围

本规定适用于列入《限制进口类可用作原料的固体废物目录》中固体废物进口的环境保护管理。

进口特定类别固体废物环境保护有专门规定的，从其规定。

二、加工利用企业环境保护要求

进口固体废物加工利用企业应当符合以下环境保护要求：

（一）属于依法成立的具有固体废物加工利用经营范围的企业法人。

（二）具有加工利用所申请进口固体废物的场地、设施、设备及配套的污染防治设施和措施，并符合国家或者地方环境保护标准规范的要求。

（三）符合建设项目环境保护管理有关规定。

（四）具有防止进口固体废物污染环境的相关制度和措施，包括建立了进口固体废物加工利用的经营情况记录制度、日常环境监测制度；设置专门部门或专人负责检查、督促、落实本单位进口可用作原料的固体废物的相关环境保护和污染防治工作，相关工作人员和管理人员应当掌握国家相关政策法规、标准规范的规定；依法开展了清洁生产审核等。

（五）自营进口的，应当具有进口可用作原料的固体废物国内收货人注册登记资格；委托其他企业代理进口的，所委托的代理进口企业应当具有进口可用作原料的固体废物国内收货人注册登记资格，且加工利用企业为相应《进口可用作原料的固体废物国内收货人注册登记证书》中列明的"国内利用企业"；以加工贸易方式进口固体废物的，应当位于出口加工区内，或者已获得商务主管部门签发的有效的加工贸易业务批准文件。

（六）申请进口固体废物数量与加工利用能力和污染防治能力相适应；进口口岸符合就近原则和国家有关口岸管理规定。

（七）加工利用企业及其法定代表人或者所委托的代理进口企业及其法定代表人，近两年内没有以下违法行为记录：

1. 进口属于禁止进口的固体废物；

2. 隐瞒有关情况或者提供虚假材料申请固体废物进口许可证；

3. 以欺骗或者其他不正当手段获取固体废物进口许可证；

4. 转让固体废物进口许可证。

（八）近一年内没有以下违反环境保护等法律、法规的行为记录：

1. 超过国家或者地方规定的污染物排放标准或者总量控制要求排放污染物；

2. 所加工利用的进口固体废物不符合进口可用作原料的固体废物环境保护控制标准或者相关技术规范等强制性要求；

3. 生产过程产生的固体废物以及进口固体废物中的夹杂物未进行无害化利用或者处置；

4. 环境监测记录或者进口固体废物经营情况未按规定向环境保护部门报告，或者在报告时弄虚作假；

5. 其他违反环境保护、海关、检验检疫等法律、法规的行为。

（九）从事《限制进口类可用作原料的固体废物目录》内固体废物加工利用的企业，应当符合国家或者省、自治区、直辖市有关规划以及"圈区管理"等要求。

三、申请、审批和监督管理

（一）申请

1. 申请单位（限制进口类固体废物加工利用企业）应当通过全国固体废物管理信息系统（以下简称信息系统）向环境保护部提出申请，提交电子申请材料的同时需提交相同内容的纸质材料。申请材料包括：

（1）申请报告。申请报告应包括：拟进口废物的名称、数量、来源国、进口口岸及进口方式，本年度已申请许可证的使用情况等。

（2）申请表（见附1）。申请表通过信息系统在线填写并打印，纸质申请表与信息系统申请表内容必须一致。

（3）环境保护报告（见附2）。本规定发布实施后首次申请限制进口类可用作原料的固体废物的加工利用企业应提供企业环境保护报告。

（4）符合环境保护要求的证明材料（见附3），包括省级环境保护主管部门根据县级以上地方环境保护主管部门的监督管理情况，出具的对加工利用企业监督管理情况及初步意见表（见附4）。

2. 近3年内领取过相同种类固体废物进口许可证的单位，加工利用场地、设施、设备及配套的污染防治设施和措施，相关环境管理制度或人员未发生变化的，可免予提交相应证明材料；按照相关法律规定，不需要重新履行环评和验收等手续的，免予提交有关符合建设项目环境保护管理有关规定的证明材料。上述未变化事项，应当在申请表中备注栏注明上次申请日期及未发生变化的事项。

3. 固体废物加工利用企业向环境保护部提出申请，由省级环境保护主管部门代收。省级环境保护主管部门可通过书面审查和实地核查等方式对申请材料进行初步审查，在10个工作日内，将监督管理情况及初步意见表和申请材料报送至环境保护部。监督管理情况及初步意见表的纸质材料应加盖公章，监督管理情况及初步意见表的电子件应通过信息系统报送。

每年11月15日起，可受理下一年度限制进口类固体废物进口申请，原则上不再受理当年固体废物进口申请。

（二）技术审查

环境保护部委托环境保护部固体废物与化学品管理技术中心（以下简称固管中心）受理申请材料并进行技术审查。

固管中心收到电子材料与纸质材料后,应在 5 个工作日内开展受理工作。在 10 个工作日内,对受理的申请通过书面审查或实地核查等方式进行技术审查,并将技术审查情况予以公示,征求公众意见,公示期为 3 个工作日。对公众意见,由环境保护部组织进行核实。技术审查工作原则上以电子材料为准。

公示期满,固管中心将技术审查情况和公示情况报送环境保护部。

(三)审批

环境保护部根据固管中心的技术审查意见,在 10 个工作日内对进口固体废物的申请进行审定。

(四)许可证的颁发

环境保护部委托固管中心原则上将固体废物进口许可证统一邮寄至省级环境保护主管部门,由省级环境保护主管部门代为发放。

(五)监督管理

省级环境保护主管部门应当组织对本地区进口固体废物加工利用企业进行监督检查,并及时对限制进口固体废物加工利用企业出具监督管理情况表,作为审查申请单位是否有违法行为的重要依据。

(六)资料保存

进口固体废物申请材料的保存期限为三年。

四、变更、遗失和延期处理

(一)变更

固体废物进口许可证上载明的事项发生变化的,加工利用企业应当按照原申请程序和要求重新申请领取固体废物进口许可证,并交回原证。

(二)遗失

加工利用企业遗失所申领的固体废物进口许可证,应当在全国性的综合或环境类报纸上刊登作废声明，并向环境保护部、所在地省级环境保护主管部门及许可证注明的进口口岸地海关书面报告挂失。

在有效期内需要重新办理固体废物进口许可证的，加工利用企业应按原申请程序和要求重新申请固体废物进口许可证。环境保护部根据加工利用企业的遗失报告、声明作废的报样等材料，扣除已使用的数量后，撤销或者注销原证并换发新证，并在新证备注栏注明原证证号和"遗失换证"字样。

（三）延期

固体废物进口许可证因故在有效期内未使用完的，加工利用企业可在有效期届满30日前，按原申请程序和要求提出延期申请，并交回原证。

环境保护部扣除已使用的数量后，重新签发固体废物进口许可证，并在新证备注栏注明原证证号和"延期使用"字样。

固体废物进口许可证只能延期一次，延期最长不超过60日。延期批准数量计入下年度固体废物进口许可证的批准数量。

五、经营情况和年度环境保护报告备案

进口限制进口类固体废物的加工利用企业应当于每季度第一个月15日之前将上季度进口固体废物经营情况，通过信息系统向所在地省级环境保护主管部门报告并附报表（报表样式见附6）。

进口限制进口类固体废物的加工利用企业应当于每年1月15日之前将上年度企业环境保护报告（并附上年度进口固体废物加工利用经营情况报表，见附6），通过信息系统向所在地省级环境保护主管部门报告。省级环境保护主管部门应当将有关情况汇总后于每年3月31日前通过信息系统报环境保护部。报告样式见附7。

附1：限制进口类可用作原料的固体废物进口许可证申请表（略）

附 2：限制进口类可用作原料的固体废物加工利用企业环境保护报告（略）

附 3：有关证明材料的说明（略）

附 4：关于对申请进口限制进口类可用作原料的固体废物的监督管理情况及初步意见表（略）

附 5：限制进口类固体废物加工利用经营情况记录簿参考样式（略）

附 6：限制进口类固体废物加工利用经营情况报表（略）

附 7：省（区、市）年 限制进口固体废物经营情况（略）

进口硅废碎料环境保护管理规定

环境保护部关于发布《进口可用作原料的固体废物环境保护管理规定》和《进口硅废碎料环境保护管理规定》的公告
2011 年第 23 号

为进一步完善可用作原料的固体废物进口管理工作,依据《中华人民共和国固体废物污染环境防治法》,我部制定了《进口可用作原料的固体废物环境保护管理规定》、《进口硅废碎料环境保护管理规定》。现予以公布,自 2011 年 6 月 1 日起施行。

《关于进口可用作原料的固体废物申请事项的公告》(原国家环境保护总局公告 2007 年第 57 号)、《关于进口废纸审批和管理有关事项的公告》(原国家环境保护总局公告 2007 年第 61 号)和《关于加强限制进口类废物审批管理的通知》(环办〔2006〕89 号)同时废止。

环境保护部
二〇一一年三月十一日

一、适用范围

本规定适用于列入《限制进口类可用作原料的固体废物目录》的商品编码为 2804619011、2804619091，固体废物进口许可证名称为"多晶硅废碎料"和"其他硅废碎料"的进口固体废物的管理。

二、加工利用企业类型

以下类型之一的企业可以申请进口硅废碎料加工利用：
（一）电子级单晶硅产品生产企业（半导体材料制造企业）；
（二）晶体硅太阳能光伏企业。
上述企业不包括只生产多晶硅（采用改良西门子法、硅烷法或者其他方法）的企业以及只具备硅废碎料破碎、剥离、分拣、清洗等初步处理能力，但不具备晶体硅产品生产能力的企业。

三、加工利用企业环境保护要求

应符合《进口可用作原料的固体废物环境保护管理规定》，具有附录所列的加工利用进口硅废碎料的场地、设施、设备及配套的污染防治设施和措施并经所在地省级环境保护行政主管部门考核合格，自营进口硅废碎料。

四、其他规定

申请材料及相关证明材料要求、申请和审批程序、变更和遗失处理，应执行《进口可用作原料的固体废物环境保护管理规定》，并附所在地省级环境保护行政主管部门出具的考核表。

关于发布《进口废船环境保护管理规定（试行）》、《进口废光盘破碎料环境保护管理规定（试行）》和《进口废 PET 饮料瓶砖环境保护管理规定（试行）》的公告

环境保护部 2010 年 第 69 号

为进一步完善可用作原料的固体废物进口管理工作，依据《中华人民共和国固体废物污染环境防治法》，我部制定了《进口废船环境保护管理规定（试行）》、《进口废光盘破碎料环境保护管理规定（试行）》和《进口废 PET 饮料瓶砖环境保护管理规定（试行）》。现予以公布，自公布之日起施行。

附件：1. 进口废船环境保护管理规定（试行）
2. 进口废光盘破碎料环境保护管理规定（试行）
3. 进口废 PET 饮料瓶砖环境保护管理规定（试行）

二〇一〇年九月二十六日

附件一：

进口废船环境保护管理规定（试行）

一、适用范围

本规定适用于《限制进口类可用作原料的固体废物目录》中"废船，不包括废航空母舰"进口的环境保护管理。

二、加工利用企业环境保护管理规定

进口废船加工利用企业应当符合以下环境保护管理规定：

（一）属于依法成立并具有增值税一般纳税人资格和船舶拆解经营范围的企业法人；

（二）符合国家进口废船拆解处理统一规划要求；

（三）有附一所列废船拆解的设施、设备、场地及配套的污染防治设施和措施，并经所在地省级环境保护行政主管部门考核合格；

（四）符合建设项目环境保护管理有关规定；

（五）建立了固体废物加工利用经营情况记录簿、日常环境监测等环境管理制度；

（六）分别有至少一名环境保护相关的技术人员和管理人员；

（七）申请进口数量与加工利用能力相适应，进口口岸符合就近原则和国家有关口岸管理规定；

（八）自营进口的，应当具有进口废物原料国内收货人注册登记资格；

委托其他企业代理进口的，所委托的进口企业应当具有进口废物原料国内收货人注册登记资格，且加工利用企业为相应《进口可用作原料的固体废物国内收货人注册登记证书》中所列明的"所代理的加工利用企业"；

（九）加工利用企业及其法定代表人或者所委托的进口企业及其法定代表人，近两年内没有以下违法行为记录：

1. 进口属于禁止进口的固体废物；

2. 未经许可擅自进口可用作原料的固体废物;

3. 隐瞒有关情况或者提供虚假材料申请固体废物进口许可证;

4. 伪造、变造或者买卖固体废物进口许可证;

5. 以欺骗或者其他不正当手段获取固体废物进口许可证;

6. 将所进口固体废物转让、提供或者委托给固体废物进口许可证载明的利用企业以外的单位或者个人;

7. 将拆解废船所获得的废钢铁销售或者提供给不符合产业政策的钢铁冶炼企业。

(十) 加工利用企业近一年内没有以下违反环境保护等法律、法规的行为记录:

1. 超过国家或者地方规定的污染物排放标准或者总量控制要求排放污染物;

2. 对进口固体废物加工利用所产生的残余废物未进行无害化利用或者处置;

3. 环境监测记录或者进口固体废物经营情况弄虚作假,或者不如实申报;

4. 其他违反环境保护、海关、检验检疫等法律、法规的行为。

三、申请材料及相关证明材料要求

申请进口废船,须按照进口限制类可用作原料的固体废物的申请程序提交《限制进口类可用作原料的固体废物申请书》(可从环境保护部固体废物管理中心网站 http://ncswm.mep.gov.cn 下载),并附证明材料,包括:

(一) 当年首次申请进口废船的,提交下列证明材料:

1. 加工利用企业年检有效的法人营业执照副本、组织机构代码证书副本、一般纳税人资格证书(或者加盖"增值税一般纳税人"字样的国税税务登记证)的复印件。

2. 加工利用企业有关证明其拆解废船的设施、设备、场地、能力及配套的污染防治设施和措施的证明材料,如生产设备型号和规格、数量以及有关合理可信的说明和计算材料,并附所在地省级环境保护行政主管部门出具的考核表（见附一）。

委托其他单位对污水及进口废船拆解处理后所产生的残余废物进行利用处置的，应当提供委托合同。

3. 加工利用企业建设项目环境影响评价文件、环境影响评价批准文件和竣工环境保护验收批准文件的复印件。

4. 加工利用企业有关经营情况记录簿、环境监测等环境管理制度的文本。

加工利用企业应当建立经营情况记录簿，如实记载每批进口废物所使用的许可证号、进口口岸、进口时间、进口数量或者重量、运输单位的名称和联系方式；加工处理或者利用进口废物的数量、时间和产品的最终流向；所产生的残余废物的最终流向等，并有经办人签字记录。有关废物进口、运输，产品销售，加工利用所产生的残余废物处理等环节的原始凭证，如合同、付款单据、发票、纳税申报表、税收缴款书（完税凭证）等，应作为经营情况记录簿的附件保存。

环境监测方案应确定监测指标和频率，以及应急监测预案。特征污染物应当至少每季度监测一次。自行监测的，应当出具监测资质证明和持证上岗证；制定监测仪器的维护和标定方案，定期维护，标定并记录结果。委托监测的，应当提供委托合同和委托监测机构的监测资质证明文件。

5. 加工利用企业有相关环境保护的专业技术人员和管理人员的证明材料。如相关专业技术和管理人员的学历和学位证书、职称证书或者技能鉴定证书的复印件；与申请单位签订的劳动合同等能证明劳动关系的证明材料，如合同聘用文本及聘期、合同期间社保证明等。

6. 利用企业自行进口的，应当提供利用企业有效的进口可用作原料的固体废物国内收货人注册登记证书、进出口货物收发货人报关注册登记证书的复印件。

委托其他企业代理进口的，应当提供代理进口企业年检有效的工商营业执照副本、组织机构代码证书副本、进口可用作原料的固体废物国内收货人注册登记证书、进出口货物收发货人报关注册登记证书的复印件，以及代理进口合同原件。代理进口合同中，应当包括以下内容：

（1）所进口废物的种类、数量、价格和质量要求；

（2）有关进口废物必须符合我国进口废物环境保护控制标准，以及对不符合环境保护控制标准废物退运责任的规定；

（3）有关不得将所进口废物全部或者部分转让、提供或者委托给许可证载明的加工利用企业之外的单位或者个人的规定。

7. 利用设施所在地省级环境保护行政主管部门出具的对加工利用企业近两年内监督管理等情况的意见（见附二）。

8. 有关上次申领的固体废物进口许可证使用情况的材料。包括进口废物数量，进口废物的加工利用情况和污染防治情况，产品销售去向，以及进口付款付汇证明、购销发票、增值税一般纳税人纳税申报表、加盖银行章的税收缴款书（完税凭证）等原始凭证的汇总清单等。

9. 其他证明符合本规定的文件和材料。例如，加工利用企业列入国家循环经济试点单位，获得有关环境管理体系认证，经评定达到《绿色拆船通用规范》（WB/T 1022-2005）要求等相关认证文件，可作为辅助证明材料。

（二）当年申领的固体废物进口许可证基本使用完毕，再次申请进口废船的，提交前款第1、6、7、8、9项规定的证明材料。

以上全部证明材料必须加盖企业公章。提交复印件的，须在复印件上签署"此复印件与原件相同"字样，并注明日期。

附一：进口废船拆解企业环境保护考核表（试行）（略）

附二：环境保护厅（局）关于（填写企业名称）监督管理情况的意见（略）

附件二：

进口废光盘破碎料环境保护管理规定（试行）

一、适用范围

本规定适用于《限制进口类可用作原料的固体废物目录》中"废光盘破碎料"进口的环境保护管理。

二、加工利用企业类型

以下类型之一的企业可以申请进口废光盘破碎料加工利用：

（一）进口废物圈区管理区内的废光盘破碎料加工利用企业，且属于具有增值税一般纳税人资格的企业法人。

（二）进口废物圈区管理区外，本规定发布前已具备1万吨及以上聚碳酸酯年生产能力并取得过"废光盘破碎料"或者"聚碳酸酯废碎料及下脚料"进口许可证的废光盘破碎料加工利用企业，且属于具有增值税一般纳税人资格的企业法人。

（三）本规定发布前已具备1万吨及以上聚碳酸酯年生产能力并取得过"废光盘破碎料"或者"聚碳酸酯废碎料及下脚料"进口许可证的来料加工企业，允许在2010年12月31日前进口废光盘破碎料加工利用。自2011年1月1日起，不再向来料加工企业签发废光盘破碎料进口许可证。

三、加工利用企业环境保护管理规定

进口废光盘破碎料加工利用企业应当符合以下环境保护管理规定：

（一）有附一所列的加工利用进口废光盘破碎料的设施、设备、场地及配套的污染防治设施和措施，并经所在地省级环境保护行政主管部门考核合格；

（二）符合建设项目环境保护管理有关规定和污染物总量控制要求。

（三）建立了固体废物加工利用的经营情况记录簿、日常环境监测等环境管理制度；

（四）分别有至少一名环境保护相关的技术人员和管理人员；

（五）申请进口数量与加工利用能力、配套的污水处理能力以及污染物排放总量控制要求相适应，进口口岸符合就近原则和国家有关口岸管理规定；

（六）自行进口废光盘破碎料，并具有进口废物原料国内收货人注册登记资格，不得委托其他企业代理进口；

（七）近两年内没有以下违法行为记录：

1. 进口属于禁止进口的固体废物；

2. 未经许可擅自进口可用作原料的固体废物；

3. 隐瞒有关情况或者提供虚假材料申请固体废物进口许可证；

4. 伪造、变造或者买卖固体废物进口许可证；

5. 以欺骗或者其他不正当手段获取固体废物进口许可证；

6. 将所进口固体废物转让、提供或者委托给固体废物进口许可证载明的利用企业以外的单位或者个人。

（八）近一年内没有以下违反环境保护法律、法规的行为记录：

1. 超过国家或者地方规定的污染物排放标准或者总量控制要求排放污染物；

2. 对进口固体废物加工利用后所产生的残余废物未进行无害化利用或者处置；

3. 环境监测记录或者进口固体废物经营情况弄虚作假，或者不如实申报；

4. 其他违反环境保护、海关、检验检疫等法律、法规的行为。

四、申请材料及相关证明材料要求

申请进口废光盘破碎料，须按照进口限制类可用作原料的固体废物的申请程序提交《限制进口类可用作原料的固体废物申请书》（可从环境保护部固体废物管理中心网站 http://ncswm.mep.gov.cn 下载），并附证明材料，包括：

（一）当年首次申请进口废光盘破碎料的，提交下列证明材料：

1. 加工利用企业年检有效的法人营业执照（来料加工企业应

提供营业执照和来料加工特许经营证件）副本、组织机构代码证书副本、一般纳税人资格证书（或者加盖"增值税一般纳税人"字样的国税税务登记证）、进口可用作原料的固体废物国内收货人注册登记证书、进出口货物收发货人报关注册登记证书的复印件。

2. 加工利用企业有关证明其加工利用进口废光盘破碎料的设施、设备、场地及配套的污染防治设施和措施的证明材料，并附所在地省级环境保护行政主管部门出具的考核表（见附一）。

委托其他单位对污水处理污泥及进口固体废物加工利用后所产生的残余废物进行利用处置的，应当提供委托合同。

3. 加工利用企业建设项目环境影响评价文件、环境影响评价批准文件、竣工环境保护验收批准文件和污染物排放总量控制批准文件的复印件。

4. 加工利用企业有关经营情况记录簿、环境监测等环境管理制度的文本。

加工利用企业应当建立经营情况记录簿，如实记载每批进口废物所使用的许可证号、进口口岸、进口时间、进口数量或者重量，运输单位的名称和联系方式；加工处理或者利用进口废物的数量、时间和产品的最终流向；所产生的残余废物的最终流向等，并有经办人签字记录。有关废物进口、运输，产品销售，加工利用所产生的残余废物处理等环节的原始凭证，如合同、付款单据、发票、纳税申报表、税收缴款书（完税凭证）等，应作为经营情况记录簿的附件保存。

环境监测方案应确定监测指标和频率，以及应急监测预案，特征污染物应当至少每季度监测一次。自行监测的，应当出具监测资质证明和持证上岗证；制定监测仪器的维护和标定方案，定期维护，标定并记录结果。委托监测的，应当提供委托合同和委托监测机构的监测资质证明文件。

5. 加工利用企业有相关环境保护的专业技术人员和管理人员的证明材料。如相关专业技术和管理人员的学历和学位证书、职称证书或者技能鉴定证书的复印件；与申请单位签订的劳动合同等能证明劳动关系的证明材料，如合同聘用文本及聘期、合同期间社保证明等。

6. 废物出口者的进口可用作原料的固体废物国外供货商注册登记证书复印件。

7. 利用设施所在地省级环境保护行政主管部门出具的对加工利用企业近两年内监督管理等情况的意见（见附二）。

8. 有关上次申领的固体废物进口许可证使用情况的材料。包括进口废物数量，进口废物的加工利用情况和污染防治情况，产品销售去向，以及进口付款付汇证明、购销发票、增值税一般纳税人纳税申报表、加盖银行章的税收缴款书（完税凭证）等原始凭证的汇总清单等。

9. 其他证明符合本规定的文件和材料。

（二）当年已申领的固体废物进口许可证基本使用完毕，再次申请进口废光盘破碎料的，提交前款第1、6、7、8、9项规定的证明材料。

以上全部证明材料必须加盖企业公章。提交复印件的，须在复印件上签署"此复印件与原件相同"字样，并注明日期。

附一：进口废光盘破碎料加工利用企业环境保护考核表（试行）（略）

附二：环境保护厅（局）关于（填写企业名称）监督管理情况的意见（略）

附件三：

进口废PET饮料瓶砖环境保护管理规定（试行）

一、进口废PET饮料瓶砖的定义适用范围

本规定适用于《限制进口类可用作原料的固体废物目录》中"废PET饮料瓶砖"进口的环境保护管理。

二、加工利用企业类型

以下类型之一的企业可以申请进口废 PET 饮料瓶砖加工利用：

（一）进口废物圈区管理区内的再生 PET 片生产企业；

（二）进口废物圈区管理区外的下列企业：

1. 再生化纤产品生产企业；

2. 从事再生 PET 片生产的国家循环经济试点单位；

3. 本规定发布前已具备不少于 3 万吨再生 PET 片年生产能力且已在 2009 年取得过不少于 1 万吨"PET 废碎料及下脚料"进口许可证的再生 PET 片生产企业。

三、加工利用企业环境保护管理规定

进口废 PET 饮料瓶砖加工利用企业应当符合以下环境保护管理规定：

（一）属于依法成立并具有增值税一般纳税人资格的企业法人；

（二）有附一所列的加工利用进口废 PET 饮料瓶砖的设施、设备、场地及配套的污染防治设施和措施，并经所在地省级环境保护行政主管部门考核合格；

（三）符合建设项目环境保护管理有关规定和污染物排放总量控制要求；

（四）建立了固体废物加工利用的经营情况记录簿、日常环境监测等环境管理制度；

（五）分别有至少一名环境保护相关的技术人员和管理人员；

（六）申请进口数量与加工利用能力及配套的污水处理能力和污染物排放总量控制要求相适应，进口口岸符合就近原则和国家有关口岸管理规定；

（七）自行进口废 PET 饮料瓶砖，并具有进口废物原料国内收货人注册登记资格，不得委托其他企业代理进口；

（八）近两年内没有以下违法行为记录：

1. 进口属于禁止进口的固体废物；

2. 未经许可擅自进口可用作原料的固体废物；

3. 隐瞒有关情况或者提供虚假材料申请固体废物进口许可证；

4. 伪造、变造或者买卖固体废物进口许可证；

5. 以欺骗或者其他不正当手段获取固体废物进口许可证；

6. 将所进口固体废物转让、提供或者委托给固体废物进口许可证载明的利用企业以外的单位或者个人。

（九）近一年内没有以下违反环境保护法律、法规的行为记录：

1. 超过国家或者地方规定的污染物排放标准或者总量控制要求排放污染物；

2. 对进口固体废物加工利用后产生的残余废物未进行无害化利用或者处置；

3. 环境监测记录或者进口固体废物经营情况弄虚作假，或者不如实申报；

4. 其他违反环境保护、海关、检验检疫等法律、法规的行为。

四、申请材料及相关证明材料要求

申请进口废 PET 饮料瓶砖，须按照进口限制类可用作原料的固体废物的申请程序提交《限制进口类可用作原料的固体废物申请书》（可从环境保护部固体废物管理中心网站 http://ncswm.mep.gov.cn 下载），并附证明材料，包括：

（一）当年首次申请进口废 PET 饮料瓶砖的，提交下列证明材料：

1. 加工利用企业年检有效的法人营业执照副本、组织机构代码证书副本、一般纳税人资格证书（或者加盖"增值税一般纳税人"字样的国税税务登记证）、进口可用作原料的固体废物国内收货人注册登记证书、进出口货物收发货人报关注册登记证书的复印件。

2. 加工利用企业有关证明其加工利用进口废 PET 饮料瓶砖的设施、设备、场地及配套的污染防治设施和措施的证明材料，并附所在地省级环境保护行政主管部门出具的考核表（见附一）。

委托其他单位对污水处理污泥及进口固体废物加工利用后所产生的残余废物进行利用处置的，应当提供委托合同。

— 65 —

3. 加工利用企业建设项目环境影响评价文件、环境影响评价批准文件、竣工环境保护验收批准文件和污染物排放总量控制批准文件的复印件。

4. 加工利用企业有关经营情况记录簿、环境监测等环境管理制度的文本。

加工利用企业应当建立经营情况记录簿，如实记载每批进口废物所使用的许可证号、进口口岸、进口时间、进口数量或者重量、运输单位的名称和联系方式；加工处理或者利用进口废物的数量、时间和产品的最终流向；所产生的残余废物的最终流向等，并有经办人签字记录。有关废物进口、运输，产品销售，加工利用所产生的残余废物处理等环节的原始凭证，如合同、付款单据、发票、纳税申报表、税收缴款书（完税凭证）等，应作为经营情况记录簿的附件保存。

环境监测方案应确定监测指标和频率，以及应急监测预案，特征污染物应当至少每季度监测一次。自行监测的，应当出具监测资质证明和持证上岗证；制定监测仪器的维护和标定方案，定期维护，标定并记录结果。委托监测的，应当提供委托合同和委托监测机构的监测资质证明文件。

5. 加工利用企业有相关环境保护的专业技术人员和管理人员的证明材料。如相关专业技术和管理人员的学历和学位证书、职称证书或者技能鉴定证书的复印件；与申请单位签订的劳动合同等能证明劳动关系的证明材料，如合同聘用文本及聘期、合同期间社保证明等。

6. 废物出口者的进口可用作原料的固体废物国外供货商注册登记证书复印件。

7. 利用设施所在地省级环境保护行政主管部门出具的对加工利用企业近两年内监督管理等情况的意见（见附二）。

8. 有关上次申领的固体废物进口许可证使用情况的材料。包括进口废物数量，进口废物的加工利用情况和污染防治情况，产品销售去向，以及进口付款付汇证明、购销发票、增值税一般纳税人纳税申报表、加盖银行章的税收缴款书（完税凭证）等原始凭证的汇总清单等。

9. 其他证明符合本规定的文件和材料。

（二）当年已申领的固体废物进口许可证基本使用完毕，再次申请进口废 PET 饮料瓶砖的，提交前款第 1、6、7、8、9 项规定的证明材料。

以上全部证明材料必须加盖企业公章。提交复印件的，须在复印件上签署"此复印件与原件相同"字样，并注明日期。

附一：进口废 PET 饮料瓶砖加工利用企业环境保护考核表（试行）（略）

附二：环境保护厅（局）关于（填写企业名称）监督管理情况的意见（略）

附 录

进口废 PET 饮料瓶砖环境保护控制要求（试行）

关于发布《进口废 PET 饮料瓶砖环境保护控制要求（试行）》的公告

2011 年第 11 号

为规范废 PET 饮料瓶砖进口管理工作，根据《固体废物污染环境防治法》，现发布《进口废 PET 饮料瓶砖环境保护控制要求（试行）》，自发布之日起实施。

二〇一一年一月三十一日

一、适用范围

为贯彻《中华人民共和国固体废物污染环境防治法》，控制由于进口可用作原料的废 PET 饮料瓶砖造成的环境污染，制定本要求。

本要求适用于进口可用作原料的固体废物目录（以下简称目录）中废 PET 饮料瓶砖的进口管理。

本要求试行期间，"四、环境风险要求"为非强制实施，但各施检机构应对相关指标做出检验结论。

二、定义

（一）"废 PET 饮料瓶"，是指生产聚对苯二甲酸乙二酯（PET）瓶过程中产生的未经使用的残次品；盛装过矿泉水、纯净水、汽水、果汁、果奶、啤酒等饮料，经过加工处理干净的PET空瓶体（含经过初步剪切或者切割等加工，但未彻底破碎的破损、破裂、割裂瓶体及瓶片）；包括联结瓶身的瓶盖和标签；不包括经过彻底破碎处理并加工清洗干净的单层PET饮料瓶碎片（属于目录中的"PET的废碎料及下脚料，不包括废PET饮料瓶砖"）。

（二）"废PET饮料瓶砖"，是指前款所述"废PET饮料瓶"经过挤压打捆后形成的瓶砖。

三、环境保护控制要求

进口废PET饮料瓶砖应当符合《进口可用作原料的固体废物环境保护控制标准——废塑料》（GB 16487.12-2005），其中第4.4条、第4.5条和第4.6条按照以下要求强制执行：

（一）进口废PET饮料瓶砖中应严格限制下列夹杂物的混入，总重量不应超过进口废PET饮料瓶砖重量的0.01%：

1. 石棉废物或含石棉的废物；
2. 被焚烧或部分焚烧的废塑料，被灭火剂污染的废塑料；
3. 含有感光物质的胶片；
4. 除废PET饮料瓶之外的其他密闭容器；
5. 废弃电器电子产品、废电池。

（二）已使用过的废PET饮料瓶应当无液体流出，加工处理（如切割、划割、碾压或者挤压等）至不可恢复原有使用功能、无明显异味和污渍。

（三）禁止夹带盛装过非饮料（如食用油、调味品、农药、化学品、药品、其他有毒物质等）的PET瓶。

（四）除上述各条所列废物外，进口废PET饮料瓶砖中应限制其他夹杂物（包括废纸、废木片、废金属、废玻璃、废橡胶、除瓶盖和标签外的非PET塑料、非PET材质的塑料瓶、涂有金属层的塑料薄膜或塑料制品等废物）的混入，总重量不应超过进口废PET饮料瓶砖重量的0.5%。

四、环境风险控制要求

对任意一捆进口废 PET 饮料瓶砖抽取代表性样品，按照《固体废物浸出毒性浸出方法水平振荡法》（HJ 557-2010）破碎后进行浸出实验，浸出液的指标应符合限值要求。

五、检验

本要求有关检验条款涉及的检验方法由国务院质量监督检验检疫部门负责制定。

进出口环保用微生物菌剂环境安全管理办法

环境保护部 质检总局令
第 10 号

为加强进出口环保用微生物菌剂环境安全管理，维护环境安全，根据《中华人民共和国国境卫生检疫法》及其实施细则、《中华人民共和国环境保护法》等有关规定，特制定《进出口环保用微生物菌剂环境安全管理办法》。现予公布，自 2010 年 5 月 1 日起施行。

环境保护部部长
质检总局局长
二〇一〇年四月二日

第一章 总 则

第一条 为加强进出口环保用微生物菌剂环境安全管理，维护环境安全，根据《中华人民共和国国境卫生检疫法》及其实施细则、《中华人民共和国环境保护法》等有关规定，制定本办法。

第二条 本办法适用于进出口环保用微生物菌剂环境安全管理。

本办法所称环保用微生物菌剂，是指从自然界分离纯化或者经人工选育等现代生物技术手段获得的，主要用于水、大气、土壤、固体废物污染检测、治理和修复的一种或者多种微生物菌种。

第三条　国家对进出口环保用微生物菌剂的环境安全管理，实行检测和环境安全评价制度。

第四条　环保用微生物菌剂进出口经营者，应当是依法成立的从事生产或者使用微生物菌剂的企业事业法人，并具备微生物菌剂安全生产、使用、储藏、运输和应急处置的能力。

进口环保用微生物菌剂，应当按照本办法的规定申请获得《微生物菌剂样品环境安全证明》，并凭该样品环境安全证明依法办理卫生检疫审批和现场查验。

第五条　环境保护部对进出口环保用微生物菌剂环境安全实施监督管理。省、自治区、直辖市环境保护行政主管部门依照本办法对辖区内进出口环保用微生物菌剂环境安全实施监督管理。

国家质量监督检验检疫总局统一管理全国进出口环保用微生物菌剂的卫生检疫监督管理工作；国家质量监督检验检疫总局设在各地的出入境检验检疫机构对辖区内进出口环保用微生物菌剂实施卫生检疫监督管理。

第六条　环境保护部会同国家质量监督检验检疫总局设立环保用微生物环境安全评价专家委员会，负责对微生物菌剂样品的环境安全性进行评审。

第二章　样品入境

第七条　进口经营者应当向微生物菌剂使用活动所在地省、自治区、直辖市环境保护行政主管部门提交下列材料，先行申请办理环保用微生物菌剂样品入境手续：

（一）进口经营者与境外经营者签订的微生物菌剂进口合同或者合同意向书的复印件；

（二）进口经营者主管人员和专业技术人员具备的微生物生产、应用和安全操作的专业学历或者资格证书复印件；

（三）微生物菌剂生产、使用、储藏、运输、处理的环境安全控制措施和突发环境事件应急预案；

（四）出口国政府主管部门出具的微生物菌剂环境安全证明；

（五）微生物菌剂在出口国的生产和应用情况；

（六）拟进口用于检测和环境安全评价样品的最低数量和规格；

（七）微生物菌剂环境安全性的其他证明资料。

前款所列材料，应当用中文或者中、英文对照文本，一式三份。

第八条 省、自治区、直辖市环境保护行政主管部门应当自受理进口样品申请之日起30日内，对申请材料进行审查，材料齐备、内容属实的，核发《环保用微生物菌剂样品入境通知单》。

必要时，省、自治区、直辖市环境保护行政主管部门可以组织专家进行技术审查，审查合格的，核发《环保用微生物菌剂样品入境通知单》。

《环保用微生物菌剂样品入境通知单》必须注明进口样品的数量和规格。《环保用微生物菌剂样品入境通知单》一式两份，一份用于样品检疫审批，一份用于样品环境安全评价数量核销。

第九条 直属检验检疫局凭《环保用微生物菌剂样品入境通知单》，签发样品卫生检疫审批单。

样品入境口岸检验检疫机构凭样品卫生检疫审批单，对样品的数量、规格、外包装情况进行现场查验。对样品查验合格的，准予入境。

第三章 样品环境安全评价

第十条 进口经营者，应当委托微生物检测和环境安全评价机构对样品进行检测和环境安全评价。

接受委托的检测和环境安全评价机构，应当是从事微生物研究的合格实验室（GLP），或者中国合格评定国家认可委员会认可的国家级专业机构。

第十一条 样品检测和环境安全评价机构应当按照环境保护部制定的《环保用微生物菌剂检测规程》和《环保用微生物菌剂使用环境安全评价导则》，对进口微生物菌剂进行检测和环境安全评价，出具样品检测和环境安全评价报告，并对检测数据和评价结论的真实性、准确性负责。

检测和环境安全评价报告，应当包括下列内容：

（一）微生物菌剂的微生物学检测鉴定；

（二）微生物菌剂的安全性试验；

（三）微生物菌剂的评价；

（四）微生物菌剂的卫生学安全评价；

（五）微生物菌剂及各类终产物的生态安全评价；

（六）微生物菌剂的生产或者使用环境评价。

检测和环境安全评价报告，还应当附具下列内容：

（一）微生物菌剂出口国已有的环境安全评价资料；

（二）检测和环境安全评价机构及其代理机构资质信息。

样品检测和环境安全评价报告，一式三份。

第十二条 样品检测和环境安全评价结束后，检测和环境安全评价机构应当将微生物菌剂样品全部安全销毁，不得保留或者移作他用。

第十三条 进口经营者应当将样品全数交验。检测和环境安全评价机构应当根据《环保用微生物菌剂样品入境通知单》，核对样品数量和规格；对数量和规格与《环保用微生物菌剂样品入境通知单》中不一致的，不得出具样品检测和环境安全评价报告。

第四章 样品环境安全证明

第十四条 进口经营者，应当向环保用微生物菌剂使用活动所在地省、自治区、直辖市环境保护行政主管部门提交样品检测和环境安全评价报告。

第十五条 省、自治区、直辖市环境保护行政主管部门应当自收到进口经营者提交的样品检测和环境安全评价报告之日起30日内进行审核，签署审核意见，连同申报材料、检测和环境安全评价报告一式三份报环境保护部。

环境保护部自收到申报材料之日起5个工作日内，将申报材料提交环保用微生物环境安全评价专家委员会。

第十六条 环保用微生物环境安全评价专家委员会应当自收到申报材料之日起15个工作日内完成评审，提出《环保用微生物菌剂样品环境安全性评审意见》，报环境保护部。

第十七条 《环保用微生物菌剂样品环境安全性评审意见》，应当包括下列内容：

（一）进口经营者申报的微生物菌剂主要成分与检测机构的检测结果是否一致；

（二）微生物菌剂中是否含有对人体健康和生态环境构成危险或者较大风险的微生物菌种（群）；

（三）微生物菌剂是否已经在出口国进行安全生产和使用；

（四）项目负责人和工作人员是否具备微生物生产、应用和安全操作专业学历或者资格；

（五）微生物菌剂生产、使用、储藏、运输和处理的环境安全控制措施和事故处置应急预案是否可行。

第十八条 环境保护部依据《环保用微生物菌剂样品环境安全性评审意见》，对检测和环境安全评价合格的微生物菌剂，出具《环保用微生物菌剂样品环境安全证明》。

第十九条 同一进口经营者的同一商品（项目）名称微生物菌剂，应当申请一个《环保用微生物菌剂样品环境安全证明》。

已获得《环保用微生物菌剂样品环境安全证明》的同一微生物菌剂，有两个以上商品（项目）名称的，应当报环境保护部备案。

第二十条 《环保用微生物菌剂样品环境安全证明》有效期为三年。

有效期届满后仍然需要进口该微生物菌剂的，进口经营者需要重新办理《环保用微生物菌剂样品环境安全证明》。

第二十一条 任何单位和个人不得转让、伪造、涂改或者变造《环保用微生物菌剂样品环境安全证明》。

第五章 出入境卫生检疫审批与报检查验

第二十二条 进出口经营者按照《出入境特殊物品卫生检疫管理规定》的规定，向直属检验检疫局提出卫生检疫审批申请。进口经营者还应当提供环境保护部出具的《环保用微生物菌剂样品环境安全证明》。

直属检验检疫局对准予进出口的，出具《出入境特殊物品卫生检疫审批单》。

第二十三条 口岸检验检疫机构凭《出入境特殊物品卫生检疫审批单》受理环保用微生物菌剂报检，实施现场检疫查验，并按照有关规定抽样送专业的环保微生物菌剂符合检测实验室进行检验，经符合性检验及卫生学检验合格的，方可放行。

第二十四条 口岸检验检疫机构对首次送检的环保用微生物菌剂，应当在20个工作日内完成检验；对首次检验已经合格的，应当在10个工作日内完成检验。

第六章 后续监管

第二十五条 进出口经营者应当采取环保用微生物菌剂生产、使用、储藏、运输和处理的环境安全控制措施，制定事故处置应急预案。

进出口经营者应当保留环保用微生物菌剂生产、使用、储藏、运输和处理记录。

第二十六条 进出口经营者应当于每年 1 月 31 日前，将上一年度环保用微生物菌剂生产或者使用环境安全管理情况和本年度环保用微生物菌剂进出口计划，报省、自治区、直辖市环境保护行政主管部门备案。

第二十七条 环保用微生物菌剂在进出口、生产或者使用过程中，出现异常情况，或者有新的科学依据证明对人体健康和生态环境构成危害的，环境保护部应当撤销其《环保用微生物菌剂样品环境安全证明》，监督进口单位销毁该微生物菌剂，并向国家质量监督检验检疫总局通报有关情况。

第二十八条 进出口经营者应当向环保用微生物菌剂生产或者使用活动所在地省、自治区、直辖市环境保护行政主管部门备案。变更环保用微生物菌剂生产或者使用活动所在地的，应当分别向变更前和变更后生产或者使用活动所在地省、自治区、直辖市环境保护行政主管部门办理备案变更。

第七章 罚 则

第二十九条 违反本办法规定，样品检测和环境安全评价结束后，未将微生物菌剂样品全部安全销毁的，由检测和环境安全评价机构所在地省、自治区、直辖市环境行政主管部门责令改正；拒不改正的，可以处一万元以上三万元以下的罚款，并由环境保护主管部门指定有能力的单位代为销毁，所需费用由违法者承担。

检测和环境安全评价机构出具虚假样品检测和环境安全评价结论的，环境保护部不再受理该评价机构做出的样品检测和环境安全评价报告。

第三十条 伪造或者涂改检疫单、证的，检验检疫机构可以给予警告或者处以 5000 元以下的罚款。

违反本办法规定，转让、伪造、涂改或者变造《环保用微生物菌剂样品环境安全证明》的，或者隐瞒有关情况、提供虚假材料的，由环境保护部撤销《环保用微生物菌剂样品环境安全证明》，直属检验检疫局吊销《出入境特殊物品卫生检疫审批单》；构成犯罪的，依法追究刑事责任。

第三十一条 违反本办法规定，未妥善保存微生物菌剂生产、使用、储藏、运输和处理记录，或者未执行微生物菌剂生产、使用、储藏、运输和处理的环境安全控制措施和事故处置应急预案的，由省、自治区、直辖市环境保护行政主管部门责令改正；拒不改正的，处一万元以上三万元以下罚款。

第八章 附 则

第三十二条 有关国际公约、双边或者多边协议、进口国法律的规定以及合同约定，需要对出口环保用微生物菌剂样品进行环境安全评价和环境安全证明的，参照本办法第三、四章执行。

第三十三条 进出口环保用微生物菌剂涉及动植物安全的，应当符合《中华人民共和国进出境动植物检疫法》等法律法规规定，并办理进境动植物检疫特许审批。

第三十四条 进口经营者委托代理进口申请的，其代理人除提交第七条规定的申请材料外，还应当提供与进口经营者签订的协议以及营业执照原件。

第三十五条 《环保用微生物菌剂样品入境通知单》和《环保用微生物菌剂样品环境安全证明》的格式与内容，由环境保护部统一制定。

第三十六条 本办法自 2010 年 5 月 1 日起施行。

地震灾区过渡性安置区环境保护技术指南（暂行）

中华人民共和国环境保护部公告
2008 年第 17 号

为指导地震灾区过渡性安置区建设，防治污染，保护环境，我部制定了《地震灾区过渡性安置区环境保护技术指南（暂行）》，现发布施行。

环境保护部
二〇〇八年五月三十日

第一章 总 则

第一条 为加强地震灾区环境保护工作，保障人体健康，防治环境污染，解决灾区过渡性安置区（以下简称：安置区）选址、建设及使用中的有关环境保护问题，制定本指南。

第二条 本指南适用于相关省份的四川汶川地震灾区过渡性安置区环境保护工作。

第三条 过渡性安置区应合理选址，因地制宜地配套建设必要的环境保护设施，加强日常环境管理，切实做好环境保护工作。

第二章　选址基本要求

第四条　安置区选址应考虑灾后重建的总体要求，在保障安全的前提下，立足当前，着眼长远，与区域乡村、城镇建设规划相结合。

第五条　安置区选址应避开集中式饮用水水源保护区，防止影响饮用水安全。

第六条　安置区的饮用水源应按照《地震灾区饮用水安全保障应急技术方案（暂行）》等文件要求，做好水源选择和保护工作，确保饮用水安全。

第七条　安置区选址不应在自然保护区、名胜古迹、风景名胜区、历史文化遗产等特殊需要保护区域内。

第八条　已被有毒有害物质、危险废物等污染的场地不宜建设安置区。

第九条　安置区附近不应有下列设施：
（1）对周围环境有较大影响的污染源；
（2）有毒有害化学品、易燃易爆化学品、放射性物品存放地；
（3）燃气干线管道。

第十条　安置区与铁路、干线公路等噪声源之间应留有适当距离。

第三章　环保基础设施建设基本要求

第十一条　安置区应配备必要的环保设施，以满足过渡期内集中处理废水、废物的需要。要充分利用现有条件，进行废水处理、废物减量和综合利用，达到可靠、稳定、实用的基本要求。

第十二条　安置区应首先考虑利用现有污水收集管网和污水处

理设施；若不具备条件，安置区的生活污水应集中收集，因地制宜地选择污水处理技术进行处理，消毒后达标排放。不应利用渗坑、渗井、裂隙、溶洞等排放污水。

污水处理系统排水应避免对下游相邻安置区的饮用水水源造成影响。污水处理设施应与居民安置区保持适当距离。

第十三条　安置区应按要求设置生活垃圾收集点，及时清运消毒。应充分利用现有的生活垃圾处理设施进行无害化处理；暂不具备条件的，宜优先进行无害化卫生填埋处理。

第十四条　安置区医疗点产生的医疗废物应按照《地震灾区医疗废物安全处置技术指南》要求，做好分类收集、包装、临时贮存、处理处置工作。

第四章　安置区使用中的环境管理

第十五条　应规范安置区的污水排放管理，对污水处理系统的运行与管理应设专（兼）职人员负责。

第十六条　安置区应尽可能使用清洁能源，原使用天然气的地区，应尽快恢复天然气供应基础设施，不具备天然气供应条件的安置区，可使用罐装液化气或者型煤。

第十七条　在具备条件的情况下，可对安置区产生的生活垃圾进行分类，安置区应设置专（兼）职人员和专门设备进行垃圾的收集和运输。对安置区粪便应定期清运，进行集中堆肥等无害化处理。

第十八条　安置区内废弃的杀虫剂及其容器等废物应集中收集，安全处置。

第十九条　安置区内不得露天焚烧垃圾和其他固体废物。

第二十条　安置区管理机构应采取措施保持区内环境整洁、安静，加强宣传和管理，防止社会生活噪声扰民。

第二十一条　根据安置区的规模与布局，按国家环境监测技术规范要求，开展环境监测工作。

地震灾区医疗废物安全处置
技术指南（暂行）

中华人民共和国环境保护部公告
2008 年第 16 号

为指导地震灾区医疗废物安全处置工作，确保环境安全，我部制定了《地震灾区医疗废物安全处置技术指南（暂行）》，现发布施行。

环境保护部
2008 年 5 月 30 日

第一章 总 则

第一条 本指南适用于四川省汶川地震灾区各市县医疗废物和医疗机构废水安全处理处置工作，其他省份地震灾区可在工作中参照采用。

第二条 地震灾区医疗废物安全处置工作的目的是防止医疗废物在收集、暂存、运送和处置过程中造成的疾病传播，保护人体健康和生态环境安全。

第三条 地震灾区医疗废物处置应遵循适当分类收集，妥善贮存运送，就地集中处置，确保环境安全的原则。

第二章　医疗废物分类收集

第四条　医疗卫生机构、临时救护站等应当根据《医疗废物分类目录》（卫医发〔2003〕287号），对医疗废物实施分类收集管理。感染性废物、病理性废物、损伤性废物、药物性废物及化学性废物不应混合收集。少量的药物性废物和病理性废物可以混入感染性废物，但应当在标签上注明。

第五条　医疗废物应分置于符合国家环境保护标准《医疗废物专用包装袋、容器和警示标志标准》（HJ 421-2008）规定的包装物或者容器内。暂不具备条件的，感染性废物可置入固定的无渗漏、带盖容器内；锐利器具用后应及时放入防穿刺、无渗漏的容器内。

第六条　隔离的传染病病人产生的医疗废物应当使用双层包装物，并及时密封。

第三章　暂时贮存和运送

第七条　医疗废物产生点应设立暂时贮存场所和贮存容器，设专人管理，不应露天存放。贮存场所应远离居民安置区、饮用水水源。

（一）暂时贮存场所和贮存容器应设有明显的医疗废物警示标志，医疗废物不应与生活垃圾混放、混装。

（二）暂时贮存场所和贮存容器应使用0.2%—0.5%过氧乙酸或含有效氯500mg/l—1000mg/l的含氯消毒剂喷洒墙壁或地面，每天上、下午各一次。

（三）医疗废物暂时贮存时间不得超过2天。

第八条　医疗废物运送应满足以下规定：

（一）医疗废物运送应使用符合国家环境保护标准《医疗废物转运车技术要求》（GB 19217-2003）规定的专用车辆。暂不具备条件的，可使用防遗撒的封闭式厢式货车或其他车辆，但应在车辆的显著位置粘贴或喷涂医疗废物转运车辆警示标志。

（二）医疗废物运送应有专人负责，医疗废物不得与生活垃圾混装、混运。

（三）医疗废物运送路线应避开人口稠密地区；运送车辆每次卸载完毕后应使用0.5%过氧乙酸喷洒消毒。

第四章　安全处置

第九条　医疗废物应就地安全处置。安全处置应优先采用集中处理处置的方式，包括集中焚烧处置、高温蒸汽集中处理、微波消毒集中处理、化学消毒集中处理等。无法采用集中处置的农村地区和偏远地区，可采用消毒后就地填埋处置。

第十条　医疗废物集中焚烧处置适用于除化学性废物以外的所有医疗废物。对于灾区医疗废物，应重点收集和处置感染性废物、损伤性废物和病理性废物。焚烧处置设施的要求依照国家环境保护标准《医疗废物焚烧炉技术要求》（GB 19218-2003）执行。

当医疗废物焚烧处置设施处理能力不足时，可采用现有水泥窑等工业炉窑或生活垃圾焚烧处置设施进行焚烧。运抵的医疗废物应及时处置。处置场所应设置独立的医疗废物处置区，单独处理医疗废物。处置区应按照第七条的规定进行消毒。

第十一条　医疗废物集中消毒处理可采取高温蒸汽集中处理、微波消毒集中处理和化学消毒集中处理。消毒处理后的废物可按照一般固体废物进行最终处置。

（一）高温蒸汽集中处理适用于感染性废物和损伤性废物的处理。采用该方法时，应满足国家环境保护标准《医疗废物高温蒸汽集中处理工程技术规范》（HJ/T 276-2006）的规定。

（二）微波消毒集中处理适用于感染性废物、损伤性废物、病理性废物的处理。采用该方法时，应满足国家环境保护标准《医疗废物微波消毒集中处理工程技术规范》（HJ/T 229-2006）的规定。

（三）化学消毒集中处理适用于感染性废物、损伤性废物和病理性废物的处理。采用该方法时，应满足国家环境保护标准《医疗废物化学消毒集中处理工程技术规范》（HJ/T 228-2006）的规定。

第十二条 不具备集中处置医疗废物条件的重灾区、农村地区和偏远地区，可就地处置医疗废物。就地处置医疗废物应遵循的基本原则为：使用后的一次性医疗器具和容易致人损伤的医疗废物，应当消毒并做毁形处理；能够焚烧的，应当及时焚烧，焚烧后的残余物及时填埋；不能焚烧的，采取集中深埋。深埋前，用含有效氯1000mg/L的含氯消毒剂浸泡消毒30分钟。填埋场地应远离居民安置区、饮用水水源，设置医疗废物专用警示标志明确范围。

第五章 其他要求

第十三条 医疗废物的收集、运送及处置装置操作人员应采取必要的卫生防护措施，穿戴工作服、防护手套和口罩。每次运送或处置操作完毕后立即进行手部清洗和消毒，手部消毒用0.3%—0.5%碘伏消毒液或快速手部消毒剂揉搓1—3分钟。

第十四条 医疗卫生机构、临时救护站等场所产生的废水不得直接外排，应按照国家环境保护标准《医疗机构水污染物排放标准》（GB 18466-2005）的要求进行处理，达标后排放。如无污水处理设施，可采用含氯消毒剂消毒处理后排放，消毒处理的工艺控制要求为消毒接触时间大于1小时，排放口废水中总余氯浓度达到3—10mg/L。

第十五条 医疗废物焚烧处置过程的废气排放应符合《危险废物焚烧污染控制标准》（GB 18484-2001）等国家环境保护标准或规范的要求。

第十六条 灾后重建时期的医疗废物处置应合理规划布局，严格按照《医疗废物集中处置技术规范》（环发〔2003〕206号）的要求进行。

地震灾区集中式饮用水水源保护技术指南（暂行）

中华人民共和国环境保护部公告
2008 年第 14 号

为加强地震灾区饮用水水源保护，确保灾区饮用水安全，根据国务院抗震救灾总指挥部部署，我部制定了《地震灾区集中式饮用水水源保护技术指南（暂行）》、《地震灾区饮用水安全保障应急技术方案（暂行）》和《地震灾区地表水环境质量与集中式饮用水水源监测技术指南（暂行）》。现发布施行。

环境保护部
二〇〇八年五月二十日

第一章 总 则

第一条 本指南适用于四川省汶川地震灾区各市县集中式饮用水水源保护工作，其他省份地震灾区可在工作中参照采用。

第二条 地震灾区饮用水水源保护工作的重点应是防止水源被有毒化学物质和各种病原体污染。

第三条 抗震救灾与灾后重建应统筹兼顾，充分考虑各项活动对饮用水水源的影响，防止对灾区饮用水水源造成持久性的次生污染。灾后重建时应科学统一规划饮用水水源布局。

第二章 饮用水水源及重点保护区的划分

第四条 各级政府应根据受灾情况确定地震灾区内需要重点保护的饮用水水源。

在选择新的饮用水水源时，根据震前了解的当地水源分布，通过现场调查，寻找水质良好、水量充分、便于保护的水源。投入使用前应由有关部门进行全面监测，确定可否作为饮用水水源。

通常选择水源的顺序是：水井、山泉、江河、水库、湖泊、池塘，但要结合实际情况和水源特征的分析结果来决定。

第五条 可参照国家环境保护标准《饮用水水源保护区划分技术规范》（HJ/T 338-2007），判断地震灾害及抗震救灾各种活动可能对饮用水水源造成影响的上游及周边区域，划定饮用水水源重点保护区：

1. 河流型饮用水水源重点保护区：水域范围为取水口上游1000米至下游100米河段范围；陆域范围长度为相应的水域长度，宽度为河岸以外50米。

2. 湖泊、水库型饮用水水源重点保护区：水域范围为以取水口为圆心、半径500米内；陆域范围为取水口侧正常水位线以外200米。

3. 地下水型饮用水水源重点保护区：以饮用水水源井为圆心、半径50米内。

第六条 各级政府可以根据饮用水水源地周边具体情况制订更为严格的饮用水水源重点保护区范围。

第三章 饮用水水源污染防控

第七条 调查在饮用水水源上游及周边区域内地震灾害及抗震

救灾各种活动可能造成饮用水水源污染的危险源和污染源的种类、数量、位置等信息，为制定饮用水水源污染防控措施提供依据。主要调查对象和内容包括：

1. 生产和使用有毒有害物质的工厂企业生产装置、储存装置和化学品仓库等危险源的状况，重点为石化、化工、农药、磷化工等工业企业以及加油站、储油库、尾矿库等；

2. 抗震救灾过程中产生的生活垃圾和粪便处理处置状况；

3. 抗震救灾过程中产生的医疗废物处理处置状况；

4. 灾区防疫过程中消毒剂使用状况；

5. 垃圾处理、危险废物处理处置设施和城镇污水处理厂等环保设施的损坏和运行状况；

6. 地震造成的饮用水水源水体形态变化及底质变化对水质的影响。

饮用水水源上游及周边区域掩埋罹难者遗体、肢体的，应对遗体、肢体处理处置状况进行调查。

第八条 根据危险源调查和排查结果，针对排查出的有毒有害物质种类，查阅《突发性污染事故中危险品档案库》（网址：www.ep.net.cn/msds/index.htm）及有关资料数据库，掌握其环境与健康危害特征，参照《环境应急响应实用手册》制定相应的处理处置方案。

第九条 对于工厂企业生产装置、储存装置和化学品仓库损坏，造成有毒有害物质泄漏的，应采取切断污染源、分流、筑坝、围堰、就地处理等措施，防止有毒有害物质通过各种途径进入饮用水水源。

第十条 对于工厂企业生产装置、储存装置和化学品仓库受损，可能造成有毒有害物质泄漏的，应采取措施防止泄露，并将有毒有害物质转移，远离饮用水水源重点保护区。

第十一条 对于工厂企业生产装置、储存装置和化学品仓库未受损坏的，应加强对有毒有害物质的生产、使用、储存的监督管理，防止出现泄漏。

第十二条　救助、临时安置等人员密集场所应设置足够的卫生设施对粪便进行收集并集中处置。生活垃圾应分类收集，转运至可正常运行的垃圾处理处置场所或环保部门指定的地点。不得向饮用水水源重点保护区内倾倒工业废渣、灾后生活和建筑垃圾、粪便及其他废弃物，防止病原体的污染。

第十三条　抗震救灾过程中产生的医疗废物应分类收集，并及时转移出饮用水水源重点保护区，不应就地处理处置。

第十四条　遇难者遗体、肢体及动物尸体应设置临时储存场所存放，消毒后及时清理并转移，不应在饮用水水源重点保护区内掩埋。

第十五条　在饮用水水源重点保护区及周边区域，应选择使用低残余毒性的消毒剂，防止对灾区饮用水水源造成次生污染。

第十六条　应及时修复受损的垃圾处理、危险废物处理处置设施及城镇污水处理厂等环保设施，加强尚未处置的危险废物的管理。

第四章　饮用水水源污染监控与应急响应

第十七条　加强对饮用水水源水质的监测，特别是微生物学指标的监测，防止通过饮用水造成疫病的传播。若发生有毒有害物质泄漏、发现饮用水源上游控制断面水质监测结果出现大幅度变化或出现鱼类等水生生物死亡等异常情况，则应增加有毒污染物的监测项目和监测频率。

第十八条　当调查发现有毒有害物质泄漏时，应立即向上级部门报告泄漏情况，并通知下游供水部门及相关部门，严密监控。

第十九条　若水质监测结果大幅度变化，超过相关标准时，应立即向上级部门报告，并通知供水部门及相关部门启动应急预案，调整水厂生产工艺，必要时关闭取水口。同时，排查有毒化学品污染源，采取相应控制措施。

第五章 饮用水水源地管理

第二十条 可参照国家环境保护标准《饮用水水源保护区标志技术要求》(HJ/T 433-2008) 规定的样式，对饮用水水源地设立标志，加强保护饮用水水源地的宣传，安排专人对饮用水水源地进行管理和巡查。

第二十一条 在饮用水水源地设置简易导流沟，避免雨水或污水携带大量污染物直接进入水源地及其上游地区。

第二十二条 通过饮用水源井取水时，应采用修建井台、排水沟、设置防护栏、加盖等措施，避免污染物进入。应设专人管理水井，定时消毒，采用公用水桶取水，不应在水井旁沐浴、洗涤和喂饮牲畜等。

第二十三条 加强环保部门与建设、卫生、水利等部门之间的协调机制，发现问题及时通报，确保饮用水水源安全。

电子废物污染环境防治管理办法

国家环境保护总局令
第40号

《电子废物污染环境防治管理办法》于2007年9月7日经国家环境保护总局2007年第三次局务会议通过。现予公布，自2008年2月1日起施行。

国家环境保护总局局长
二〇〇七年九月二十七日

第一章 总 则

第一条 为了防治电子废物污染环境，加强对电子废物的环境管理，根据《固体废物污染环境防治法》，制定本办法。

第二条 本办法适用于中华人民共和国境内拆解、利用、处置电子废物污染环境的防治。产生、贮存电子废物污染环境的防治，也适用本办法；有关法律、行政法规另有规定的，从其规定。电子类危险废物相关活动污染环境的防治，适用《固体废物污染环境防治法》有关危险废物管理的规定。

第三条 国家环境保护总局对全国电子废物污染环境防治工作

实施监督管理。县级以上地方人民政府环境保护行政主管部门对本行政区域内电子废物污染环境防治工作实施监督管理。

第四条 任何单位和个人都有保护环境的义务，并有权对造成电子废物污染环境的单位和个人进行控告和检举。

第二章 拆解利用处置的监督管理

第五条 新建、改建、扩建拆解、利用、处置电子废物的项目，建设单位（包括个体工商户）应当依据国家有关规定，向所在地设区的市级以上地方人民政府环境保护行政主管部门报批环境影响报告书或者环境影响报告表（以下统称环境影响评价文件）。前款规定的环境影响评价文件，应当包括下列内容：

（一）建设项目概况；

（二）建设项目是否纳入地方电子废物拆解利用处置设施建设规划；

（三）选择的技术和工艺路线是否符合国家产业政策和电子废物拆解利用处置环境保护技术规范和管理要求，是否与所拆解利用处置的电子废物类别相适应；

（四）建设项目对环境可能造成影响的分析和预测；

（五）环境保护措施及其经济、技术论证；

（六）对建设项目实施环境监测的方案；

（七）对本项目不能完全拆解、利用或者处置的电子废物以及其他固体废物或者液态废物的妥善利用或者处置方案；

（八）环境影响评价结论。

第六条 建设项目竣工后，建设单位（包括个体工商户）应当向审批该建设项目环境影响评价文件的环境保护行政主管部门申请该建设项目需要采取的环境保护措施验收。前款规定的环境保护措施验收，应当包括下列内容：

（一）配套建设的环境保护设施是否竣工；

（二）是否配备具有相关专业资质的技术人员，建立管理人员和操作人员培训制度和计划；

（三）是否建立电子废物经营情况记录簿制度；

（四）是否建立日常环境监测制度；

（五）是否落实不能完全拆解、利用或者处置的电子废物以及其他固体废物或者液态废物的妥善利用或者处置方案；

（六）是否具有与所处理的电子废物相适应的分类、包装、车辆以及其他收集设备；

（七）是否建立防范因火灾、爆炸、化学品泄漏等引发的突发环境污染事件的应急机制。

第七条 负责审批环境影响评价文件的县级以上人民政府环境保护行政主管部门应当及时将具备下列条件的单位（括个体工商户），列入电子废物拆解利用处置单位（包括个体工商户）临时名录，并予以公布：

（一）已依法办理工商登记手续，取得营业执照；

（二）建设项目的环境保护措施经环境保护行政主管部门验收合格。负责审批环境影响评价文件的县级以上人民政府环境保护行政主管部门，对近三年内没有两次以上（含两次）违反环境保护法律、法规和没有本办法规定的下列违法行为的列入临时名录的单位（包括个体工商户），列入电子废物拆解利用处置单位（包括个体工商户）名录，予以公布并定期调整：

（一）超过国家或者地方规定的污染物排放标准排放污染物的；

（二）随意倾倒、堆放所产生的固体废物或液态废物的；

（三）将未完全拆解、利用或者处置的电子废物提供或者委托给列入名录且具有相应经营范围的拆解利用处置单位（包括个体工商户）以外的单位或者个人从事拆解、利用、处置活动的；

（四）环境监测数据、经营情况记录弄虚作假的。

近三年内有两次以上（含两次）违反环境保护法律、法规和本办法规定的本条第二款所列违法行为记录的，其单位法定代表人或者个体工商户经营者新设拆解、利用、处置电子废物的经营企业或者个体工商户的，不得列入名录。名录（包括临时名录）应当载明单位（包括个体工商户）名称、单位法定代表人或者个体工商户经营者、住所、经营范围。禁止任何个人和未列入名录（包括临时名录）的单位（包括个体工商户）从事拆解、利用、处置电子废物的活动。

第八条 建设电子废物集中拆解利用处置区的，应当严格规划，符合国家环境保护总局制定的有关技术规范的要求。

第九条 从事拆解、利用、处置电子废物活动的单位（包括个体工商户）应当按照环境保护措施验收的要求对污染物排放进行日常定期监测。从事拆解、利用、处置电子废物活动的单位（包括个体工商户）应当按照电子废物经营情况记录簿制度的规定，如实记载每批电子废物的来源、类型、重量或者数量、收集（接收）、拆解、利用、贮存、处置的时间；运输者的名称和地址；未完全拆解、利用或者处置的电子废物以及固体废物或液态废物的种类、重量或者数量及去向等。监测报告及经营情况记录簿应当保存三年。

第十条 从事拆解、利用、处置电子废物活动的单位（包括个体工商户），应当按照经验收合格的培训制度和计划进行培训。

第十一条 拆解、利用和处置电子废物，应当符合国家环境保护总局制定的有关电子废物污染防治的相关标准、技术规范和技术政策的要求。

禁止使用落后的技术、工艺和设备拆解、利用和处置电子废物。

禁止露天焚烧电子废物。

禁止使用冲天炉、简易反射炉等设备和简易酸浸工艺利用、处置电子废物。

禁止以直接填埋的方式处置电子废物。

拆解、利用、处置电子废物应当在专门作业场所进行。作业场所应当采取防雨、防地面渗漏的措施，并有收集泄漏液体的设施。拆解电子废物，应当首先将铅酸电池、镉镍电池、汞开关、阴极射线管、多氯联苯电容器、制冷剂等去除并分类收集、贮存、利用、处置。

贮存电子废物，应当采取防止因破碎或者其他原因导致电子废物中有毒有害物质泄漏的措施。破碎的阴极射线管应当贮存在有盖的容器内。电子废物贮存期限不得超过一年。

第十二条 县级以上人民政府环境保护行政主管部门有权要求拆解、利用、处置电子废物的单位定期报告电子废物经营活动情况。县级以上人民政府环境保护行政主管部门应当通过书面核查和实地检查等方式进行监督检查，并将监督检查情况和处理结果予以记录，由监督检查人员签字后归档。监督抽查和监测一年不得少于一次。县级以上人民政府环境保护行政主管部门发现有不符合环境保护措施验收合格时条件、情节轻微的，可以责令限期整改；经及时整改并未造成危害后果的，可以不予处罚。

第十三条 本办法施行前已经从事拆解、利用、处置电子废物活动的单位（包括个体工商户），具备下列条件的，可以自本办法施行之日起120日内，按照本办法的规定，向所在地设区的市级以上地方人民政府环境保护行政主管部门申请核准列入临时名录，并提供下列相关证明文件：

（一）已依法办理工商登记手续，取得营业执照；

（二）环境保护设施已经环境保护行政主管部门竣工验收合格；

（三）已经符合或者经过整改符合本办法规定的环境保护措施验收条件，能够达到电子废物拆解利用处置环境保护技术规范和管理要求；

（四）污染物排放及所产生固体废物或者液态废物的利用或者处置符合环境保护设施竣工验收时的要求。

设区的市级以上地方人民政府环境保护行政主管部门应当自受理申请之日起20个工作日内，对申请单位提交的证明材料进行审查，并对申请单位的经营设施进行现场核查，符合条件的，列入临时名录，并予以公告；不符合条件的，书面通知申请单位并说明理由。列入临时名录经营期限满三年，并符合本办法第七条第二款所列条件的，列入名录。

第三章　相关方责任

第十四条　电子电器产品、电子电气设备的生产者应当依据国家

有关法律、行政法规或者规章的规定，限制或者淘汰有毒有害物质在产品或者设备中的使用。电子电器产品、电子电气设备的生产者、进口者和销售者，应当依据国家有关规定公开产品或者设备所含铅、汞、镉、六价铬、多溴联苯（PBB）、多溴二苯醚（PBDE）等有毒有害物质，以及不当利用或者处置可能对环境和人类健康影响的信息，产品或者设备废弃后以环境无害化方式利用或者处置的方法提示。电子电器产品、电子电气设备的生产者、进口者和销售者，应当依据国家有关规定建立回收系统，回收废弃产品或者设备，并负责以环境无害化方式贮存、利用或者处置。

第十五条　有下列情形之一的，应当将电子废物提供或者委托给列入名录（包括临时名录）的具有相应经营范围的拆解利用处置单位（包括个体工商户）进行拆解、利用或者处置：

（一）产生工业电子废物的单位，未自行以环境无害化方式拆解、利用或者处置的；

（二）电子电器产品、电子电气设备生产者、销售者、进口者、使用者、翻新或者维修者、再制造者，废弃电子电器产品、电子电气设备的；

（三）拆解利用处置单位（包括个体工商户），不能完全拆解、

利用或者处置电子废物的；

（四）有关行政主管部门在行政管理活动中，依法收缴的非法生产或者进口的电子电器产品、电子电气设备需要拆解、利用或者处置的。

第十六条 产生工业电子废物的单位，应当记录所产生工业电子废物的种类、重量或者数量、自行或者委托第三方贮存、拆解、利用、处置情况等；并依法向所在地县级以上地方人民政府环境保护行政主管部门提供电子废物的种类、产生量、流向、拆解、利用、贮存、处置等有关资料。记录资料应当保存三年。

第十七条 以整机形式转移含铅酸电池、镉镍电池、汞开关、阴极射线管和多氯联苯电容器的废弃电子电器产品或者电子电气设备等电子类危险废物的，适用《固体废物污染环境防治法》第二十三条的规定。转移过程中应当采取防止废弃电子电器产品或者电子电气设备破碎的措施。

第四章 罚 则

第十八条 县级以上人民政府环境保护行政主管部门违反本办法规定，不依法履行监督管理职责的，由本级人民政府或者上级环境保护行政主管部门依法责令改正；对负有责任的主管人员和其他直接责任人员，依据国家有关规定给予行政处分；构成犯罪的，依法追究刑事责任。

第十九条 违反本办法规定，拒绝现场检查的，由县级以上人民政府环境保护行政主管部门依据《固体废物污染环境防治法》责令限期改正；拒不改正或者在检查时弄虚作假的，处2000元以上2万元以下的罚款；情节严重，但尚构不成刑事处罚的，并由公安机关依据《治安管理处罚法》处5日以上10日以下拘留；构成犯罪的，依法追究刑事责任。

第二十条 违反本办法规定，任何个人或者未列入名录（包括临时名录）的单位（包括个体工商户）从事拆解、利用、处置电子废物活动的，按照下列规定予以处罚：

（一）未获得环境保护措施验收合格的，由审批该建设项目环境影响评价文件的人民政府环境保护行政主管部门依据《建设项目环境保护管理条例》责令停止拆解、利用、处置电子废物活动，可以处10万元以下罚款；

（二）未取得营业执照的，由工商行政管理部门依据《无照经营查处取缔办法》依法予以取缔，没收专门用于从事无照经营的工具、设备、原材料、产品等财物，并处5万元以上50万元以下的罚款。

第二十一条 违反本办法规定，有下列行为之一的，由所在地县级以上人民政府环境保护行政主管部门责令限期整改，并处3万元以下罚款：

（一）将未完全拆解、利用或者处置的电子废物提供或者委托给列入名录（包括临时名录）且具有相应经营范围的拆解利用处置单位（包括个体工商户）以外的单位或者个人从事拆解、利用、处置活动的；

（二）拆解、利用和处置电子废物不符合有关电子废物污染防治的相关标准、技术规范和技术政策的要求，或者违反本办法规定的禁止性技术、工艺、设备要求的；

（三）贮存、拆解、利用、处置电子废物的作业场所不符合要求的；

（四）未按规定记录经营情况、日常环境监测数据、所产生工业电子废物的有关情况等，或者环境监测数据、经营情况记录弄虚作假的；

（五）未按培训制度和计划进行培训的；

（六）贮存电子废物超过一年的。

第二十二条 列入名录（包括临时名录）的单位（包括个体工商户）违反《固体废物污染环境防治法》等有关法律、行政法规规定，有下列行为之一的，依据有关法律、行政法规予以处罚：

（一）擅自关闭、闲置或者拆除污染防治设施、场所的；

（二）未采取无害化处置措施，随意倾倒、堆放所产生的固体废物或液态废物的；

（三）造成固体废物或液态废物扬散、流失、渗漏或者其他环境污染等环境违法行为的；

（四）不正常使用污染防治设施的。

有前款第一项、第二项、第三项行为的，分别依据《固体废物污染环境防治法》第六十八条规定，处以1万元以上10万元以下罚款；有前款第四项行为的，依据《水污染防治法》、《大气污染防治法》有关规定予以处罚。

第二十三条 列入名录（包括临时名录）的单位（包括个体工商户）违反《固体废物污染环境防治法》等有关法律、行政法规规定，有造成固体废物或液态废物严重污染环境的下列情形之一的，由所在地县级以上人民政府环境保护行政主管部门依据〈固体废物污染环境防治法〉和《国务院关于落实科学发展观加强环境保护的决定》的规定，责令限其在三个月内进行治理，限产限排，并不得建设增加污染物排放总量的项目；逾期未完成治理任务的，责令其在三个月内停产整治；逾期仍未完成治理任务的，报经本级人民政府批准关闭：

（一）危害生活饮用水水源的；

（二）造成地下水或者土壤重金属环境污染的；

（三）因危险废物扬散、流失、渗漏造成环境污染的；

（四）造成环境功能丧失无法恢复环境原状的；

（五）其他造成固体废物或者液态废物严重污染环境的情形。

第二十四条 县级以上人民政府环境保护行政主管部门发现有违反本办法的行为，依据有关法律、法规和本办法的规定应当由工商行政管理部门或者公安机关行使行政处罚权的，应当及时移送有关主管部门依法予以处罚。

第五章 附 则

第二十五条 本办法中下列用语的含义：

（一）电子废物，是指废弃的电子电器产品、电子电气设备（以下简称产品或者设备）及其废弃零部件、元器件和国家环境保护总局会同有关部门规定纳入电子废物管理的物品、物质。包括工业生产活动中产生的报废产品或者设备、报废的半成品和下脚料，产品或者设备维修、翻新、再制造过程产生的报废品，日常生活或者为日常生活提供服务的活动中废弃的产品或者设备，以及法律法规禁止生产或者进口的产品或者设备。

（二）工业电子废物，是指在工业生产活动中产生的电子废物，包括维修、翻新和再制造工业单位以及拆解利用处置电子废物的单位（包括个体工商户），在生产活动及相关活动中产生的电子废物。

（三）电子类危险废物，是指列入国家危险废物名录或者根据国家规定的危险废物鉴别标准和鉴别方法认定的具有危险特性的电子废物。包括含铅酸电池、镉镍电池、汞开关、阴极射线管和多氯联苯电容器等的产品或者设备等。

（四）拆解，是指以利用、贮存或者处置为目的，通过人工或者机械的方式将电子废物进行拆卸、解体活动；不包括产品或者设备维修、翻新、再制造过程中的拆卸活动。

（五）利用，是指从电子废物中提取物质作为原材料或者燃料的活动，不包括对产品或者设备的维修、翻新和再制造。

第二十六条 本办法自2008年2月1日起施行。

畜禽规模养殖污染防治条例

中华人民共和国国务院令

第 643 号

《畜禽规模养殖污染防治条例》已经 2013 年 10 月 8 日国务院第 26 次常务会议通过，现予公布，自 2014 年 1 月 1 日起施行。

总理　李克强
2013 年 11 月 11 日

第一章　总　则

第一条　为了防治畜禽养殖污染，推进畜禽养殖废弃物的综合利用和无害化处理，保护和改善环境，保障公众身体健康，促进畜牧业持续健康发展，制定本条例。

第二条　本条例适用于畜禽养殖场、养殖小区的养殖污染防治。

畜禽养殖场、养殖小区的规模标准根据畜牧业发展状况和畜禽养殖污染防治要求确定。

牧区放牧养殖污染防治，不适用本条例。

第三条　畜禽养殖污染防治，应当统筹考虑保护环境与促进畜牧业发展的需要，坚持预防为主、防治结合的原则，实行统筹规划、合理布局、综合利用、激励引导。

第四条 各级人民政府应当加强对畜禽养殖污染防治工作的组织领导，采取有效措施，加大资金投入，扶持畜禽养殖污染防治以及畜禽养殖废弃物综合利用。

第五条 县级以上人民政府环境保护主管部门负责畜禽养殖污染防治的统一监督管理。

县级以上人民政府农牧主管部门负责畜禽养殖废弃物综合利用的指导和服务。

县级以上人民政府循环经济发展综合管理部门负责畜禽养殖循环经济工作的组织协调。

县级以上人民政府其他有关部门依照本条例规定和各自职责，负责畜禽养殖污染防治相关工作。

乡镇人民政府应当协助有关部门做好本行政区域的畜禽养殖污染防治工作。

第六条 从事畜禽养殖以及畜禽养殖废弃物综合利用和无害化处理活动，应当符合国家有关畜禽养殖污染防治的要求，并依法接受有关主管部门的监督检查。

第七条 国家鼓励和支持畜禽养殖污染防治以及畜禽养殖废弃物综合利用和无害化处理的科学技术研究和装备研发。各级人民政府应当支持先进适用技术的推广，促进畜禽养殖污染防治水平的提高。

第八条 任何单位和个人对违反本条例规定的行为，有权向县级以上人民政府环境保护等有关部门举报。接到举报的部门应当及时调查处理。

对在畜禽养殖污染防治中作出突出贡献的单位和个人，按照国家有关规定给予表彰和奖励。

第二章 预 防

第九条 县级以上人民政府农牧主管部门编制畜牧业发展规

划，报本级人民政府或者其授权的部门批准实施。畜牧业发展规划应当统筹考虑环境承载能力以及畜禽养殖污染防治要求，合理布局，科学确定畜禽养殖的品种、规模、总量。

第十条　县级以上人民政府环境保护主管部门会同农牧主管部门编制畜禽养殖污染防治规划，报本级人民政府或者其授权的部门批准实施。畜禽养殖污染防治规划应当与畜牧业发展规划相衔接，统筹考虑畜禽养殖生产布局，明确畜禽养殖污染防治目标、任务、重点区域，明确污染治理重点设施建设，以及废弃物综合利用等污染防治措施。

第十一条　禁止在下列区域内建设畜禽养殖场、养殖小区：

（一）饮用水水源保护区，风景名胜区；

（二）自然保护区的核心区和缓冲区；

（三）城镇居民区、文化教育科学研究区等人口集中区域；

（四）法律、法规规定的其他禁止养殖区域。

第十二条　新建、改建、扩建畜禽养殖场、养殖小区，应当符合畜牧业发展规划、畜禽养殖污染防治规划，满足动物防疫条件，并进行环境影响评价。对环境可能造成重大影响的大型畜禽养殖场、养殖小区，应当编制环境影响报告书；其他畜禽养殖场、养殖小区应当填报环境影响登记表。大型畜禽养殖场、养殖小区的管理目录，由国务院环境保护主管部门商国务院农牧主管部门确定。

环境影响评价的重点应当包括：畜禽养殖产生的废弃物种类和数量，废弃物综合利用和无害化处理方案和措施，废弃物的消纳和处理情况以及向环境直接排放的情况，最终可能对水体、土壤等环境和人体健康产生的影响以及控制和减少影响的方案和措施等。

第十三条　畜禽养殖场、养殖小区应当根据养殖规模和污染防治需要，建设相应的畜禽粪便、污水与雨水分流设施，畜禽粪便、污水的贮存设施，粪污厌氧消化和堆沤、有机肥加工、制取沼气、沼渣沼液分离和输送、污水处理、畜禽尸体处理等综合利用和无害化处理设施。已经委托他人对畜禽养殖废弃物代为综合利用和无害化处理的，可以不自行建设综合利用和无害化处理设施。

未建设污染防治配套设施、自行建设的配套设施不合格，或者未委托他人对畜禽养殖废弃物进行综合利用和无害化处理的，畜禽养殖场、养殖小区不得投入生产或者使用。

畜禽养殖场、养殖小区自行建设污染防治配套设施的，应当确保其正常运行。

第十四条　从事畜禽养殖活动，应当采取科学的饲养方式和废弃物处理工艺等有效措施，减少畜禽养殖废弃物的产生量和向环境的排放量。

第三章　综合利用与治理

第十五条　国家鼓励和支持采取粪肥还田、制取沼气、制造有机肥等方法，对畜禽养殖废弃物进行综合利用。

第十六条　国家鼓励和支持采取种植和养殖相结合的方式消纳利用畜禽养殖废弃物，促进畜禽粪便、污水等废弃物就地就近利用。

第十七条　国家鼓励和支持沼气制取、有机肥生产等废弃物综合利用以及沼渣沼液输送和施用、沼气发电等相关配套设施建设。

第十八条　将畜禽粪便、污水、沼渣、沼液等用作肥料的，应当与土地的消纳能力相适应，并采取有效措施，消除可能引起传染病的微生物，防止污染环境和传播疫病。

第十九条　从事畜禽养殖活动和畜禽养殖废弃物处理活动，应当及时对畜禽粪便、畜禽尸体、污水等进行收集、贮存、清运，防止恶臭和畜禽养殖废弃物渗出、泄漏。

第二十条　向环境排放经过处理的畜禽养殖废弃物，应当符合国家和地方规定的污染物排放标准和总量控制指标。畜禽养殖废弃物未经处理，不得直接向环境排放。

第二十一条　染疫畜禽以及染疫畜禽排泄物、染疫畜禽产品、病死或者死因不明的畜禽尸体等病害畜禽养殖废弃物,应当按照有关法律、法规和国务院农牧主管部门的规定,进行深埋、化制、焚烧等无害化处理,不得随意处置。

第二十二条　畜禽养殖场、养殖小区应当定期将畜禽养殖品种、规模以及畜禽养殖废弃物的产生、排放和综合利用等情况,报县级人民政府环境保护主管部门备案。环境保护主管部门应当定期将备案情况抄送同级农牧主管部门。

第二十三条　县级以上人民政府环境保护主管部门应当依据职责对畜禽养殖污染防治情况进行监督检查,并加强对畜禽养殖环境污染的监测。

乡镇人民政府、基层群众自治组织发现畜禽养殖环境污染行为的,应当及时制止和报告。

第二十四条　对污染严重的畜禽养殖密集区域,市、县人民政府应当制定综合整治方案,采取组织建设畜禽养殖废弃物综合利用和无害化处理设施、有计划搬迁或者关闭畜禽养殖场所等措施,对畜禽养殖污染进行治理。

第二十五条　因畜牧业发展规划、土地利用总体规划、城乡规划调整以及划定禁止养殖区域,或者因对污染严重的畜禽养殖密集区域进行综合整治,确需关闭或者搬迁现有畜禽养殖场所,致使畜禽养殖者遭受经济损失的,由县级以上地方人民政府依法予以补偿。

第四章　激励措施

第二十六条　县级以上人民政府应当采取示范奖励等措施,扶持规模化、标准化畜禽养殖,支持畜禽养殖场、养殖小区进行标准化改造和污染防治设施建设与改造,鼓励分散饲养向集约饲养方式转变。

第二十七条　县级以上地方人民政府在组织编制土地利用总体

规划过程中,应当统筹安排,将规模化畜禽养殖用地纳入规划,落实养殖用地。

国家鼓励利用废弃地和荒山、荒沟、荒丘、荒滩等未利用地开展规模化、标准化畜禽养殖。

畜禽养殖用地按农用地管理,并按照国家有关规定确定生产设施用地和必要的污染防治等附属设施用地。

第二十八条 建设和改造畜禽养殖污染防治设施,可以按照国家规定申请包括污染治理贷款贴息补助在内的环境保护等相关资金支持。

第二十九条 进行畜禽养殖污染防治,从事利用畜禽养殖废弃物进行有机肥产品生产经营等畜禽养殖废弃物综合利用活动的,享受国家规定的相关税收优惠政策。

第三十条 利用畜禽养殖废弃物生产有机肥产品的,享受国家关于化肥运力安排等支持政策;购买使用有机肥产品的,享受不低于国家关于化肥的使用补贴等优惠政策。

畜禽养殖场、养殖小区的畜禽养殖污染防治设施运行用电执行农业用电价格。

第三十一条 国家鼓励和支持利用畜禽养殖废弃物进行沼气发电,自发自用、多余电量接入电网。电网企业应当依照法律和国家有关规定为沼气发电提供无歧视的电网接入服务,并全额收购其电网覆盖范围内符合并网技术标准的多余电量。

利用畜禽养殖废弃物进行沼气发电的,依法享受国家规定的上网电价优惠政策。利用畜禽养殖废弃物制取沼气或进而制取天然气的,依法享受新能源优惠政策。

第三十二条 地方各级人民政府可以根据本地区实际,对畜禽养殖场、养殖小区支出的建设项目环境影响咨询费用给予补助。

第三十三条 国家鼓励和支持对染疫畜禽、病死或者死因不明畜禽尸体进行集中无害化处理,并按照国家有关规定对处理费用、养殖损失给予适当补助。

第三十四条　畜禽养殖场、养殖小区排放污染物符合国家和地方规定的污染物排放标准和总量控制指标,自愿与环境保护主管部门签订进一步削减污染物排放量协议的,由县级人民政府按照国家有关规定给予奖励,并优先列入县级以上人民政府安排的环境保护和畜禽养殖发展相关财政资金扶持范围。

第三十五条　畜禽养殖户自愿建设综合利用和无害化处理设施、采取措施减少污染物排放的,可以依照本条例规定享受相关激励和扶持政策。

第五章　法律责任

第三十六条　各级人民政府环境保护主管部门、农牧主管部门以及其他有关部门未依照本条例规定履行职责的,对直接负责的主管人员和其他直接责任人员依法给予处分;直接负责的主管人员和其他直接责任人员构成犯罪的,依法追究刑事责任。

第三十七条　违反本条例规定,在禁止养殖区域内建设畜禽养殖场、养殖小区的,由县级以上地方人民政府环境保护主管部门责令停止违法行为;拒不停止违法行为的,处3万元以上10万元以下的罚款,并报县级以上人民政府责令拆除或者关闭。在饮用水水源保护区建设畜禽养殖场、养殖小区的,由县级以上地方人民政府环境保护主管部门责令停止违法行为,处10万元以上50万元以下的罚款,并报经有批准权的人民政府批准,责令拆除或者关闭。

第三十八条　违反本条例规定,畜禽养殖场、养殖小区依法应当进行环境影响评价而未进行的,由有权审批该项目环境影响评价文件的环境保护主管部门责令停止建设,限期补办手续;逾期不补办手续的,处5万元以上20万元以下的罚款。

第三十九条　违反本条例规定,未建设污染防治配套设施或者自行建设的配套设施不合格,也未委托他人对畜禽养殖废弃物进行综合利用和无害化处理,畜禽养殖场、养殖小区即投入生产、使用，或者建设的污染防治配套设施未正常运行的，由县级以上人民政府环境保护主管部门责令停止生产或者使用，可以处10万元以下的罚款。

第四十条　违反本条例规定，有下列行为之一的，由县级以上地方人民政府环境保护主管部门责令停止违法行为，限期采取治理措施消除污染，依照《中华人民共和国水污染防治法》、《中华人民共和国固体废物污染环境防治法》的有关规定予以处罚：

（一）将畜禽养殖废弃物用作肥料，超出土地消纳能力，造成环境污染的；

（二）从事畜禽养殖活动或者畜禽养殖废弃物处理活动，未采取有效措施，导致畜禽养殖废弃物渗出、泄漏的。

第四十一条　排放畜禽养殖废弃物不符合国家或者地方规定的污染物排放标准或者总量控制指标，或者未经无害化处理直接向环境排放畜禽养殖废弃物的，由县级以上地方人民政府环境保护主管部门责令限期治理，可以处5万元以下的罚款。县级以上地方人民政府环境保护主管部门作出限期治理决定后，应当会同同级人民政府农牧等有关部门对整改措施的落实情况及时进行核查，并向社会公布核查结果。

第四十二条　未按照规定对染疫畜禽和病害畜禽养殖废弃物进行无害化处理的，由动物卫生监督机构责令无害化处理，所需处理费用由违法行为人承担，可以处3000元以下的罚款。

第六章　附　　则

第四十三条　畜禽养殖场、养殖小区的具体规模标准由省级人民政府确定，并报国务院环境保护主管部门和国务院农牧主管部门备案。

第四十四条　本条例自2014年1月1日起施行。

城镇排水与污水处理条例

中华人民共和国国务院令

第 641 号

《城镇排水与污水处理条例》已经 2013 年 9 月 18 日国务院第 24 次常务会议通过,现予公布,自 2014 年 1 月 1 日起施行。

总理 李克强

2013 年 10 月 2 日

第一章 总 则

第一条 为了加强对城镇排水与污水处理的管理,保障城镇排水与污水处理设施安全运行,防治城镇水污染和内涝灾害,保障公民生命、财产安全和公共安全,保护环境,制定本条例。

第二条 城镇排水与污水处理的规划,城镇排水与污水处理设施的建设、维护与保护,向城镇排水设施排水与污水处理,以及城镇内涝防治,适用本条例。

第三条 县级以上人民政府应当加强对城镇排水与污水处理工作的领导,并将城镇排水与污水处理工作纳入国民经济和社会发展规划。

第四条 城镇排水与污水处理应当遵循尊重自然、统筹规划、配套建设、保障安全、综合利用的原则。

第五条 国务院住房城乡建设主管部门指导监督全国城镇排水与污水处理工作。

县级以上地方人民政府城镇排水与污水处理主管部门（以下称城镇排水主管部门）负责本行政区域内城镇排水与污水处理的监督管理工作。

县级以上人民政府其他有关部门依照本条例和其他有关法律、法规的规定，在各自的职责范围内负责城镇排水与污水处理监督管理的相关工作。

第六条 国家鼓励采取特许经营、政府购买服务等多种形式，吸引社会资金参与投资、建设和运营城镇排水与污水处理设施。

县级以上人民政府鼓励、支持城镇排水与污水处理科学技术研究，推广应用先进适用的技术、工艺、设备和材料，促进污水的再生利用和污泥、雨水的资源化利用，提高城镇排水与污水处理能力。

第二章 规划与建设

第七条 国务院住房城乡建设主管部门会同国务院有关部门，编制全国的城镇排水与污水处理规划，明确全国城镇排水与污水处理的中长期发展目标、发展战略、布局、任务以及保障措施等。

城镇排水主管部门会同有关部门，根据当地经济社会发展水平以及地理、气候特征，编制本行政区域的城镇排水与污水处理规划，明确排水与污水处理目标与标准，排水量与排水模式，污水处理与再生利用、污泥处理处置要求，排涝措施，城镇排水与污水处理设施的规模、布局、建设时序和建设用地以及保障措施等；易发生内涝的城市、镇，还应当编制城镇内涝防治专项规划，并纳入本行政区域的城镇排水与污水处理规划。

第八条 城镇排水与污水处理规划的编制，应当依据国民经济和社会发展规划、城乡规划、土地利用总体规划、水污染防治规划和防洪规划，并与城镇开发建设、道路、绿地、水系等专项规划相衔接。

城镇内涝防治专项规划的编制，应当根据城镇人口与规模、降雨规律、暴雨内涝风险等因素，合理确定内涝防治目标和要求，充分利用自然生态系统，提高雨水滞渗、调蓄和排放能力。

第九条 城镇排水主管部门应当将编制的城镇排水与污水处理规划报本级人民政府批准后组织实施，并报上一级人民政府城镇排水主管部门备案。

城镇排水与污水处理规划一经批准公布，应当严格执行；因经济社会发展确需修改的，应当按照原审批程序报送审批。

第十条 县级以上地方人民政府应当根据城镇排水与污水处理规划的要求，加大对城镇排水与污水处理设施建设和维护的投入。

第十一条 城乡规划和城镇排水与污水处理规划确定的城镇排水与污水处理设施建设用地，不得擅自改变用途。

第十二条 县级以上地方人民政府应当按照先规划后建设的原则，依据城镇排水与污水处理规划，合理确定城镇排水与污水处理设施建设标准，统筹安排管网、泵站、污水处理厂以及污泥处理处置、再生水利用、雨水调蓄和排放等排水与污水处理设施建设和改造。

城镇新区的开发和建设，应当按照城镇排水与污水处理规划确定的建设时序，优先安排排水与污水处理设施建设；未建或者已建但未达到国家有关标准的，应当按照年度改造计划进行改造，提高城镇排水与污水处理能力。

第十三条 县级以上地方人民政府应当按照城镇排涝要求，结合城镇用地性质和条件，加强雨水管网、泵站以及雨水调蓄、超标雨水径流排放等设施建设和改造。

新建、改建、扩建市政基础设施工程应当配套建设雨水收集利用设施，增加绿地、砂石地面、可渗透路面和自然地面对雨水的滞渗能力，利用建筑物、停车场、广场、道路等建设雨水收集利用设施，削减雨水径流，提高城镇内涝防治能力。

新区建设与旧城区改建，应当按照城镇排水与污水处理规划确定的雨水径流控制要求建设相关设施。

第十四条 城镇排水与污水处理规划范围内的城镇排水与污水处理设施建设项目以及需要与城镇排水与污水处理设施相连接的新建、改建、扩建建设工程，城乡规划主管部门在依法核发建设用地规划许可证时，应当征求城镇排水主管部门的意见。城镇排水主管部门应当就排水设计方案是否符合城镇排水与污水处理规划和相关标准提出意见。

建设单位应当按照排水设计方案建设连接管网等设施；未建设连接管网等设施的，不得投入使用。城镇排水主管部门或者其委托的专门机构应当加强指导和监督。

第十五条 城镇排水与污水处理设施建设工程竣工后，建设单位应当依法组织竣工验收。竣工验收合格的，方可交付使用，并自竣工验收合格之日起15日内，将竣工验收报告及相关资料报城镇排水主管部门备案。

第十六条 城镇排水与污水处理设施竣工验收合格后，由城镇排水主管部门通过招标投标、委托等方式确定符合条件的设施维护运营单位负责管理。特许经营合同、委托运营合同涉及污染物削减和污水处理运营服务费的，城镇排水主管部门应当征求环境保护主管部门、价格主管部门的意见。国家鼓励实施城镇污水处理特许经营制度。具体办法由国务院住房城乡建设主管部门会同国务院有关部门制定。

城镇排水与污水处理设施维护运营单位应当具备下列条件：

（一）有法人资格；

（二）有与从事城镇排水与污水处理设施维护运营活动相适应的资金和设备；

（三）有完善的运行管理和安全管理制度；

（四）技术负责人和关键岗位人员经专业培训并考核合格；

（五）有相应的良好业绩和维护运营经验；

（六）法律、法规规定的其他条件。

第三章 排 水

第十七条 县级以上地方人民政府应当根据当地降雨规律和暴雨内涝风险情况，结合气象、水文资料，建立排水设施地理信息系统，加强雨水排放管理，提高城镇内涝防治水平。

县级以上地方人民政府应当组织有关部门、单位采取相应的预防治理措施，建立城镇内涝防治预警、会商、联动机制，发挥河道行洪能力和水库、洼淀、湖泊调蓄洪水的功能，加强对城镇排水设施的管理和河道防护、整治，因地制宜地采取定期清淤疏浚等措施，确保雨水排放畅通，共同做好城镇内涝防治工作。

第十八条 城镇排水主管部门应当按照城镇内涝防治专项规划的要求，确定雨水收集利用设施建设标准，明确雨水的排水分区和排水出路，合理控制雨水径流。

第十九条 除干旱地区外，新区建设应当实行雨水、污水分流；对实行雨水、污水合流的地区，应当按照城镇排水与污水处理规划要求，进行雨水、污水分流改造。雨水、污水分流改造可以结合旧城区改建和道路建设同时进行。

在雨水、污水分流地区，新区建设和旧城区改建不得将雨水管网、污水管网相互混接。

在有条件的地区，应当逐步推进初期雨水收集与处理，合理确定截流倍数，通过设置初期雨水贮存池、建设截流干管等方式，加强对初期雨水的排放调控和污染防治。

第二十条 城镇排水设施覆盖范围内的排水单位和个人，应当按照国家有关规定将污水排入城镇排水设施。

在雨水、污水分流地区，不得将污水排入雨水管网。

第二十一条　从事工业、建筑、餐饮、医疗等活动的企业事业单位、个体工商户（以下称排水户）向城镇排水设施排放污水的，应当向城镇排水主管部门申请领取污水排入排水管网许可证。城镇排水主管部门应当按照国家有关标准，重点对影响城镇排水与污水处理设施安全运行的事项进行审查。

排水户应当按照污水排入排水管网许可证的要求排放污水。

第二十二条　排水户申请领取污水排入排水管网许可证应当具备下列条件：

（一）排放口的设置符合城镇排水与污水处理规划的要求；

（二）按照国家有关规定建设相应的预处理设施和水质、水量检测设施；

（三）排放的污水符合国家或者地方规定的有关排放标准；

（四）法律、法规规定的其他条件。

符合前款规定条件的，由城镇排水主管部门核发污水排入排水管网许可证；具体办法由国务院住房城乡建设主管部门制定。

第二十三条　城镇排水主管部门应当加强对排放口设置以及预处理设施和水质、水量检测设施建设的指导和监督；对不符合规划要求或者国家有关规定的，应当要求排水户采取措施，限期整改。

第二十四条　城镇排水主管部门委托的排水监测机构，应当对排水户排放污水的水质和水量进行监测，并建立排水监测档案。排水户应当接受监测，如实提供有关资料。

列入重点排污单位名录的排水户安装的水污染物排放自动监测设备，应当与环境保护主管部门的监控设备联网。环境保护主管部门应当将监测数据与城镇排水主管部门共享。

第二十五条　因城镇排水设施维护或者检修可能对排水造成影响的，城镇排水设施维护运营单位应当提前24小时通知相关排水户；可能对排水造成严重影响的，应当事先向城镇排水主管部门报告，采取应急处理措施，并向社会公告。

第二十六条　设置于机动车道路上的窨井，应当按照国家有关规定进行建设，保证其承载力和稳定性等符合相关要求。

排水管网窨井盖应当具备防坠落和防盗窃功能，满足结构强度要求。

第二十七条 城镇排水主管部门应当按照国家有关规定建立城镇排涝风险评估制度和灾害后评估制度，在汛前对城镇排水设施进行全面检查，对发现的问题，责成有关单位限期处理，并加强城镇广场、立交桥下、地下构筑物、棚户区等易涝点的治理，强化排涝措施，增加必要的强制排水设施和装备。

城镇排水设施维护运营单位应当按照防汛要求，对城镇排水设施进行全面检查、维护、清疏，确保设施安全运行。

在汛期，有管辖权的人民政府防汛指挥机构应当加强对易涝点的巡查，发现险情，立即采取措施。有关单位和个人在汛期应当服从有管辖权的人民政府防汛指挥机构的统一调度指挥或者监督。

第四章 污水处理

第二十八条 城镇排水主管部门应当与城镇污水处理设施维护运营单位签订维护运营合同，明确双方权利义务。

城镇污水处理设施维护运营单位应当依照法律、法规和有关规定以及维护运营合同进行维护运营，定期向社会公开有关维护运营信息，并接受相关部门和社会公众的监督。

第二十九条 城镇污水处理设施维护运营单位应当保证出水水质符合国家和地方规定的排放标准，不得排放不达标污水。

城镇污水处理设施维护运营单位应当按照国家有关规定检测进出水水质，向城镇排水主管部门、环境保护主管部门报送污水处理水质和水量、主要污染物削减量等信息，并按照有关规定和维护运营合同，向城镇排水主管部门报送生产运营成本等信息。

城镇污水处理设施维护运营单位应当按照国家有关规定向价格主管部门提交相关成本信息。

城镇排水主管部门核定城镇污水处理运营成本,应当考虑主要污染物削减情况。

第三十条 城镇污水处理设施维护运营单位或者污泥处理处置单位应当安全处理处置污泥,保证处理处置后的污泥符合国家有关标准,对产生的污泥以及处理处置后的污泥去向、用途、用量等进行跟踪、记录,并向城镇排水主管部门、环境保护主管部门报告。任何单位和个人不得擅自倾倒、堆放、丢弃、遗撒污泥。

第三十一条 城镇污水处理设施维护运营单位不得擅自停运城镇污水处理设施,因检修等原因需要停运或者部分停运城镇污水处理设施的,应当在90个工作日前向城镇排水主管部门、环境保护主管部门报告。

城镇污水处理设施维护运营单位在出现进水水质和水量发生重大变化可能导致出水水质超标,或者发生影响城镇污水处理设施安全运行的突发情况时,应当立即采取应急处理措施,并向城镇排水主管部门、环境保护主管部门报告。

城镇排水主管部门或者环境保护主管部门接到报告后,应当及时核查处理。

第三十二条 排水单位和个人应当按照国家有关规定缴纳污水处理费。

向城镇污水处理设施排放污水、缴纳污水处理费的,不再缴纳排污费。

排水监测机构接受城镇排水主管部门委托从事有关监测活动,不得向城镇污水处理设施维护运营单位和排水户收取任何费用。

第三十三条 污水处理费应当纳入地方财政预算管理,专项用于城镇污水处理设施的建设、运行和污泥处理处置,不得挪作他用。污水处理费的收费标准不应低于城镇污水处理设施正常运营的成本。因特殊原因,收取的污水处理费不足以支付城镇污水处理设施正常运营的成本的,地方人民政府给予补贴。

污水处理费的收取、使用情况应当向社会公开。

第三十四条 县级以上地方人民政府环境保护主管部门应当依法对城镇污水处理设施的出水水质和水量进行监督检查。

城镇排水主管部门应当对城镇污水处理设施运营情况进行监督和考核，并将监督考核情况向社会公布。有关单位和个人应当予以配合。

城镇污水处理设施维护运营单位应当为进出水在线监测系统的安全运行提供保障条件。

第三十五条 城镇排水主管部门应当根据城镇污水处理设施维护运营单位履行维护运营合同的情况以及环境保护主管部门对城镇污水处理设施出水水质和水量的监督检查结果，核定城镇污水处理设施运营服务费。地方人民政府有关部门应当及时、足额拨付城镇污水处理设施运营服务费。

第三十六条 城镇排水主管部门在监督考核中，发现城镇污水处理设施维护运营单位存在未依照法律、法规和有关规定以及维护运营合同进行维护运营，擅自停运或者部分停运城镇污水处理设施，或者其他无法安全运行等情形的，应当要求城镇污水处理设施维护运营单位采取措施，限期整改；逾期不整改的，或者整改后仍无法安全运行的，城镇排水主管部门可以终止维护运营合同。

城镇排水主管部门终止与城镇污水处理设施维护运营单位签订的维护运营合同的，应当采取有效措施保障城镇污水处理设施的安全运行。

第三十七条 国家鼓励城镇污水处理再生利用，工业生产、城市绿化、道路清扫、车辆冲洗、建筑施工以及生态景观等，应当优先使用再生水。

县级以上地方人民政府应当根据当地水资源和水环境状况，合理确定再生水利用的规模，制定促进再生水利用的保障措施。

再生水纳入水资源统一配置，县级以上地方人民政府水行政主管部门应当依法加强指导。

第五章　设施维护与保护

第三十八条　城镇排水与污水处理设施维护运营单位应当建立健全安全生产管理制度，加强对窨井盖等城镇排水与污水处理设施的日常巡查、维修和养护，保障设施安全运行。

从事管网维护、应急排水、井下及有限空间作业的，设施维护运营单位应当安排专门人员进行现场安全管理，设置醒目警示标志，采取有效措施避免人员坠落、车辆陷落，并及时复原窨井盖，确保操作规程的遵守和安全措施的落实。相关特种作业人员，应当按照国家有关规定取得相应的资格证书。

第三十九条　县级以上地方人民政府应当根据实际情况，依法组织编制城镇排水与污水处理应急预案，统筹安排应对突发事件以及城镇排涝所必需的物资。

城镇排水与污水处理设施维护运营单位应当制定本单位的应急预案，配备必要的抢险装备、器材，并定期组织演练。

第四十条　排水户因发生事故或者其他突发事件，排放的污水可能危及城镇排水与污水处理设施安全运行的，应当立即采取措施消除危害，并及时向城镇排水主管部门和环境保护主管部门等有关部门报告。

城镇排水与污水处理安全事故或者突发事件发生后，设施维护运营单位应当立即启动本单位应急预案，采取防护措施、组织抢修，并及时向城镇排水主管部门和有关部门报告。

第四十一条　城镇排水主管部门应当会同有关部门，按照国家有关规定划定城镇排水与污水处理设施保护范围，并向社会公布。

在保护范围内，有关单位从事爆破、钻探、打桩、顶进、挖掘、取土等可能影响城镇排水与污水处理设施安全的活动的，应当与设施维护运营单位等共同制定设施保护方案，并采取相应的安全防护措施。

第四十二条　禁止从事下列危及城镇排水与污水处理设施安全的活动：

（一）损毁、盗窃城镇排水与污水处理设施；

（二）穿凿、堵塞城镇排水与污水处理设施；

（三）向城镇排水与污水处理设施排放、倾倒剧毒、易燃易爆、腐蚀性废液和废渣；

（四）向城镇排水与污水处理设施倾倒垃圾、渣土、施工泥浆等废弃物；

（五）建设占压城镇排水与污水处理设施的建筑物、构筑物或者其他设施；

（六）其他危及城镇排水与污水处理设施安全的活动。

第四十三条　新建、改建、扩建建设工程，不得影响城镇排水与污水处理设施安全。

建设工程开工前，建设单位应当查明工程建设范围内地下城镇排水与污水处理设施的相关情况。城镇排水主管部门及其他相关部门和单位应当及时提供相关资料。

建设工程施工范围内有排水管网等城镇排水与污水处理设施的，建设单位应当与施工单位、设施维护运营单位共同制定设施保护方案，并采取相应的安全保护措施。

因工程建设需要拆除、改动城镇排水与污水处理设施的，建设单位应当制定拆除、改动方案，报城镇排水主管部门审核，并承担重建、改建和采取临时措施的费用。

第四十四条　县级以上人民政府城镇排水主管部门应当会同有关部门，加强对城镇排水与污水处理设施运行维护和保护情况的监督检查，并将检查情况及结果向社会公开。实施监督检查时，有权采取下列措施：

（一）进入现场进行检查、监测；

（二）查阅、复制有关文件和资料；

（三）要求被监督检查的单位和个人就有关问题作出说明。

被监督检查的单位和个人应当予以配合，不得妨碍和阻挠依法进行的监督检查活动。

第四十五条 审计机关应当加强对城镇排水与污水处理设施建设、运营、维护和保护等资金筹集、管理和使用情况的监督，并公布审计结果。

第六章 法律责任

第四十六条 违反本条例规定，县级以上地方人民政府及其城镇排水主管部门和其他有关部门，不依法作出行政许可或者办理批准文件的，发现违法行为或者接到对违法行为的举报不予查处的，或者有其他未依照本条例履行职责的行为的，对直接负责的主管人员和其他直接责任人员依法给予处分；直接负责的主管人员和其他直接责任人员的行为构成犯罪的，依法追究刑事责任。

违反本条例规定，核发污水排入排水管网许可证、排污许可证后不实施监督检查的，对核发许可证的部门及其工作人员依照前款规定处理。

第四十七条 违反本条例规定，城镇排水主管部门对不符合法定条件的排水户核发污水排入排水管网许可证的，或者对符合法定条件的排水户不予核发污水排入排水管网许可证的，对直接负责的主管人员和其他直接责任人员依法给予处分；直接负责的主管人员和其他直接责任人员的行为构成犯罪的，依法追究刑事责任。

第四十八条 违反本条例规定，在雨水、污水分流地区，建设单位、施工单位将雨水管网、污水管网相互混接的，由城镇排水主管部门责令改正，处5万元以上10万元以下的罚款；造成损失的，依法承担赔偿责任。

第四十九条 违反本条例规定，城镇排水与污水处理设施覆盖范围内的排水单位和个人，未按照国家有关规定将污水排入城镇排水设施，或者在雨水、污水分流地区将污水排入雨水管网的，由城镇排水主管部门责令改正，给予警告；逾期不改正或者造成严重后果的，对单位处10万元以上20万元以下罚款，对个人处2万元以上10万元以下罚款；造成损失的，依法承担赔偿责任。

第五十条 违反本条例规定，排水户未取得污水排入排水管网许可证向城镇排水设施排放污水的，由城镇排水主管部门责令停止违法行为，限期采取治理措施，补办污水排入排水管网许可证，可以处50万元以下罚款；造成损失的，依法承担赔偿责任；构成犯罪的，依法追究刑事责任。

违反本条例规定，排水户不按照污水排入排水管网许可证的要求排放污水的，由城镇排水主管部门责令停止违法行为，限期改正，可以处5万元以下罚款；造成严重后果的，吊销污水排入排水管网许可证，并处5万元以上50万元以下罚款，可以向社会予以通报；造成损失的，依法承担赔偿责任；构成犯罪的，依法追究刑事责任。

第五十一条 违反本条例规定，因城镇排水设施维护或者检修可能对排水造成影响或者严重影响，城镇排水设施维护运营单位未提前通知相关排水户的，或者未事先向城镇排水主管部门报告，采取应急处理措施的，或者未按照防汛要求对城镇排水设施进行全面检查、维护、清疏，影响汛期排水畅通的，由城镇排水主管部门责令改正，给予警告；逾期不改正或者造成严重后果的，处10万元以上20万元以下罚款；造成损失的，依法承担赔偿责任。

第五十二条 违反本条例规定，城镇污水处理设施维护运营单位未按照国家有关规定检测进出水水质的，或者未报送污水处理水质和水量、主要污染物削减量等信息和生产运营成本等信息的，由城镇排水主管部门责令改正，可以处5万元以下罚款；造成损失的，依法承担赔偿责任。

违反本条例规定，城镇污水处理设施维护运营单位擅自停运城镇污水处理设施，未按照规定事先报告或者采取应急处理措施的，由城镇排水主管部门责令改正，给予警告；逾期不改正或者造成严重后果的，处10万元以上50万元以下罚款；造成损失的，依法承担赔偿责任。

第五十三条 违反本条例规定，城镇污水处理设施维护运营单位或者污泥处理处置单位对产生的污泥以及处理处置后的污泥的去向、用途、用量等未进行跟踪、记录的，或者处理处置后的污泥不符合国家有关标准的，由城镇排水主管部门责令限期采取治理措施，给予警告；造成严重后果的，处10万元以上20万元以下罚款；逾期不采取治理措施的，城镇排水主管部门可以指定有治理能力的单位代为治理，所需费用由当事人承担；造成损失的，依法承担赔偿责任。

违反本条例规定，擅自倾倒、堆放、丢弃、遗撒污泥的，由城镇排水主管部门责令停止违法行为，限期采取治理措施，给予警告；造成严重后果的，对单位处10万元以上50万元以下罚款，对个人处2万元以上10万元以下罚款；逾期不采取治理措施的，城镇排水主管部门可以指定有治理能力的单位代为治理，所需费用由当事人承担；造成损失的，依法承担赔偿责任。

第五十四条 违反本条例规定，排水单位或者个人不缴纳污水处理费的，由城镇排水主管部门责令限期缴纳，逾期拒不缴纳的，处应缴纳污水处理费数额1倍以上3倍以下罚款。

第五十五条 违反本条例规定，城镇排水与污水处理设施维护运营单位有下列情形之一的，由城镇排水主管部门责令改正，给予警告；逾期不改正或者造成严重后果的，处10万元以上50万元以下罚款；造成损失的，依法承担赔偿责任；构成犯罪的，依法追究刑事责任：

（一）未按照国家有关规定履行日常巡查、维修和养护责任，保障设施安全运行的；

（二）未及时采取防护措施、组织事故抢修的；

（三）因巡查、维护不到位，导致窨井盖丢失、损毁，造成人员伤亡和财产损失的。

第五十六条　违反本条例规定，从事危及城镇排水与污水处理设施安全的活动的，由城镇排水主管部门责令停止违法行为，限期恢复原状或者采取其他补救措施，给予警告；逾期不采取补救措施或者造成严重后果的，对单位处10万元以上30万元以下罚款，对个人处2万元以上10万元以下罚款；造成损失的，依法承担赔偿责任；构成犯罪的，依法追究刑事责任。

　　第五十七条　违反本条例规定，有关单位未与施工单位、设施维护运营单位等共同制定设施保护方案，并采取相应的安全防护措施的，由城镇排水主管部门责令改正，处2万元以上5万元以下罚款；造成严重后果的，处5万元以上10万元以下罚款；造成损失的，依法承担赔偿责任；构成犯罪的，依法追究刑事责任。

　　违反本条例规定，擅自拆除、改动城镇排水与污水处理设施的，由城镇排水主管部门责令改正，恢复原状或者采取其他补救措施，处5万元以上10万元以下罚款；造成严重后果的，处10万元以上30万元以下罚款；造成损失的，依法承担赔偿责任；构成犯罪的，依法追究刑事责任。

第七章　附　则

　　第五十八条　依照《中华人民共和国水污染防治法》的规定，排水户需要取得排污许可证的，由环境保护主管部门核发；违反《中华人民共和国水污染防治法》的规定排放污水的，由环境保护主管部门处罚。

　　第五十九条　本条例自2014年1月1日起施行。

防治海洋工程建设项目污染损害海洋环境管理条例

中华人民共和国国务院令

第475号

《防治海洋工程建设项目污染损害海洋环境管理条例》已经2006年8月30日国务院第148次常务会议通过，现予公布，自2006年11月1日起施行。

总理　温家宝
二〇〇六年九月十九日

第一章　总　则

第一条　为了防治和减轻海洋工程建设项目（以下简称海洋工程）污染损害海洋环境，维护海洋生态平衡，保护海洋资源，根据《中华人民共和国海洋环境保护法》，制定本条例。

第二条　在中华人民共和国管辖海域内从事海洋工程污染损害海洋环境防治活动，适用本条例。

第三条　本条例所称海洋工程，是指以开发、利用、保护、恢复海洋资源为目的，并且工程主体位于海岸线向海一侧的新建、改建、扩建工程。具体包括：

（一）围填海、海上堤坝工程；

（二）人工岛、海上和海底物资储藏设施、跨海桥梁、海底隧道工程；

（三）海底管道、海底电（光）缆工程；

（四）海洋矿产资源勘探开发及其附属工程；

（五）海上潮汐电站、波浪电站、温差电站等海洋能源开发利用工程；

（六）大型海水养殖场、人工鱼礁工程；

（七）盐田、海水淡化等海水综合利用工程；

（八）海上娱乐及运动、景观开发工程；

（九）国家海洋主管部门会同国务院环境保护主管部门规定的其他海洋工程。

第四条　国家海洋主管部门负责全国海洋工程环境保护工作的监督管理，并接受国务院环境保护主管部门的指导、协调和监督。沿海县级以上地方人民政府海洋主管部门负责本行政区域毗邻海域海洋工程环境保护工作的监督管理。

第五条　海洋工程的选址和建设应当符合海洋功能区划、海洋环境保护规划和国家有关环境保护标准，不得影响海洋功能区的环境质量或者损害相邻海域的功能。

第六条　国家海洋主管部门根据国家重点海域污染物排海总量控制指标，分配重点海域海洋工程污染物排海控制数量。

第七条　任何单位和个人对海洋工程污染损害海洋环境、破坏海洋生态等违法行为，都有权向海洋主管部门进行举报。

接到举报的海洋主管部门应当依法进行调查处理，并为举报人保密。

第二章　环境影响评价

第八条　国家实行海洋工程环境影响评价制度。

海洋工程的环境影响评价，应当以工程对海洋环境和海洋资源的影响为重点进行综合分析、预测和评估，并提出相应的生态保护措施，预防、控制或者减轻工程对海洋环境和海洋资源造成的影响和破坏。

海洋工程环境影响报告书应当依据海洋工程环境影响评价技术标准及其他相关环境保护标准编制。编制环境影响报告书应当使用符合国家海洋主管部门要求的调查、监测资料。

第九条 海洋工程环境影响报告书应当包括下列内容：

（一）工程概况；

（二）工程所在海域环境现状和相邻海域开发利用情况；

（三）工程对海洋环境和海洋资源可能造成影响的分析、预测和评估；

（四）工程对相邻海域功能和其他开发利用活动影响的分析及预测；

（五）工程对海洋环境影响的经济损益分析和环境风险分析；

（六）拟采取的环境保护措施及其经济、技术论证；

（七）公众参与情况；

（八）环境影响评价结论。

海洋工程可能对海岸生态环境产生破坏的，其环境影响报告书中应当增加工程对近岸自然保护区等陆地生态系统影响的分析和评价。

第十条 新建、改建、扩建海洋工程的建设单位，应当委托具有相应环境影响评价资质的单位编制环境影响报告书，报有核准权的海洋主管部门核准。

海洋主管部门在核准海洋工程环境影响报告书前，应当征求海事、渔业主管部门和军队环境保护部门的意见；必要时，可以举行听证会。其中，围填海工程必须举行听证会。

海洋主管部门在核准海洋工程环境影响报告书后，应当将核准后的环境影响报告书报同级环境保护主管部门备案，接受环境保护主管部门的监督。

海洋工程建设单位在办理项目审批、核准、备案手续时，应当提交经海洋主管部门核准的海洋工程环境影响报告书。

第十一条　下列海洋工程的环境影响报告书，由国家海洋主管部门核准：

（一）涉及国家海洋权益、国防安全等特殊性质的工程；

（二）海洋矿产资源勘探开发及其附属工程；

（三）50公顷以上的填海工程，100公顷以上的围海工程；

（四）潮汐电站、波浪电站、温差电站等海洋能源开发利用工程；

（五）由国务院或者国务院有关部门审批的海洋工程。

前款规定以外的海洋工程的环境影响报告书，由沿海县级以上地方人民政府海洋主管部门根据沿海省、自治区、直辖市人民政府规定的权限核准。

海洋工程可能造成跨区域环境影响并且有关海洋主管部门对环境影响评价结论有争议的，该工程的环境影响报告书由其共同的上一级海洋主管部门核准。

第十二条　海洋主管部门应当自收到海洋工程环境影响报告书之日起60个工作日内，作出是否核准的决定，书面通知建设单位。

需要补充材料的，应当及时通知建设单位，核准期限从材料补齐之日起重新计算。

第十三条　海洋工程环境影响报告书核准后，工程的性质、规模、地点、生产工艺或者拟采取的环境保护措施等发生重大改变的，建设单位应当委托具有相应环境影响评价资质的单位重新编制环境影响报告书，报原核准该工程环境影响报告书的海洋主管部门核准；海洋工程自环境影响报告书核准之日起超过5年方开工建设的，应当在工程开工建设前，将该工程的环境影响报告书报原核准该工程环境影响报告书的海洋主管部门重新核准。

海洋主管部门在重新核准海洋工程环境影响报告书后，应当将重新核准后的环境影响报告书报同级环境保护主管部门备案。

第十四条 建设单位可以采取招标方式确定海洋工程的环境影响评价单位。其他任何单位和个人不得为海洋工程指定环境影响评价单位。

第十五条 从事海洋工程环境影响评价的单位和有关技术人员，应当按照国务院环境保护主管部门的规定，取得相应的资质证书和资格证书。

国务院环境保护主管部门在颁发海洋工程环境影响评价单位的资质证书前，应当征求国家海洋主管部门的意见。

第三章 海洋工程的污染防治

第十六条 海洋工程的环境保护设施应当与主体工程同时设计、同时施工、同时投产使用。

第十七条 海洋工程的初步设计，应当按照环境保护设计规范和经核准的环境影响报告书的要求，编制环境保护篇章，落实环境保护措施和环境保护投资概算。

第十八条 建设单位应当在海洋工程投入运行之日30个工作日前，向原核准该工程环境影响报告书的海洋主管部门申请环境保护设施的验收；海洋工程投入试运行的，应当自该工程投入试运行之日起60个工作日内，向原核准该工程环境影响报告书的海洋主管部门申请环境保护设施的验收。

分期建设、分期投入运行的海洋工程，其相应的环境保护设施应当分期验收。

第十九条 海洋主管部门应当自收到环境保护设施验收申请之日起30个工作日内完成验收；验收不合格的，应当限期整改。

海洋工程需要配套建设的环境保护设施未经海洋主管部门验收或者经验收不合格的，该工程不得投入运行。

建设单位不得擅自拆除或者闲置海洋工程的环境保护设施。

第二十条 海洋工程在建设、运行过程中产生不符合经核准的环境影响报告书的情形的,建设单位应当自该情形出现之日起20个工作日内组织环境影响的后评价,根据后评价结论采取改进措施,并将后评价结论和采取的改进措施报原核准该工程环境影响报告书的海洋主管部门备案;原核准该工程环境影响报告书的海洋主管部门也可以责成建设单位进行环境影响的后评价,采取改进措施。

第二十一条 严格控制围填海工程。禁止在经济生物的自然产卵场、繁殖场、索饵场和鸟类栖息地进行围填海活动。

围填海工程使用的填充材料应当符合有关环境保护标准。

第二十二条 建设海洋工程,不得造成领海基点及其周围环境的侵蚀、淤积和损害,危及领海基点的稳定。

进行海上堤坝、跨海桥梁、海上娱乐及运动、景观开发工程建设的,应当采取有效措施防止对海岸的侵蚀或者淤积。

第二十三条 污水离岸排放工程排污口的设置应当符合海洋功能区划和海洋环境保护规划,不得损害相邻海域的功能。

污水离岸排放不得超过国家或者地方规定的排放标准。在实行污染物排海总量控制的海域,不得超过污染物排海总量控制指标。

第二十四条 从事海水养殖的养殖者,应当采取科学的养殖方式,减少养殖饵料对海洋环境的污染。因养殖污染海域或者严重破坏海洋景观的,养殖者应当予以恢复和整治。

第二十五条 建设单位在海洋固体矿产资源勘探开发工程的建设、运行过程中,应当采取有效措施,防止污染物大范围悬浮扩散,破坏海洋环境。

第二十六条 海洋油气矿产资源勘探开发作业中应当配备油水分离设施、含油污水处理设备、排油监控装置、残油和废油回收设施、垃圾粉碎设备。

海洋油气矿产资源勘探开发作业中所使用的固定式平台、移动式平台、浮式储油装置、输油管线及其他辅助设施,应当符合防渗、防漏、防腐蚀的要求；作业单位应当经常检查，防止发生漏油事故。

前款所称固定式平台和移动式平台，是指海洋油气矿产资源勘探开发作业中所使用的钻井船、钻井平台、采油平台和其他平台。

第二十七条　海洋油气矿产资源勘探开发单位应当办理有关污染损害民事责任保险。

第二十八条　海洋工程建设过程中需要进行海上爆破作业的，建设单位应当在爆破作业前报告海洋主管部门，海洋主管部门应当及时通报海事、渔业等有关部门。

进行海上爆破作业，应当设置明显的标志、信号，并采取有效措施保护海洋资源。在重要渔业水域进行炸药爆破作业或者进行其他可能对渔业资源造成损害的作业活动的，应当避开主要经济类鱼虾的产卵期。

第二十九条　海洋工程需要拆除或者改作他用的，应当报原核准该工程环境影响报告书的海洋主管部门批准。拆除或者改变用途后可能产生重大环境影响的，应当进行环境影响评价。

海洋工程需要在海上弃置的，应当拆除可能造成海洋环境污染损害或者影响海洋资源开发利用的部分，并按照有关海洋倾倒废弃物管理的规定进行。

海洋工程拆除时，施工单位应当编制拆除的环境保护方案，采取必要的措施，防止对海洋环境造成污染和损害。

第四章　污染物排放管理

第三十条　海洋油气矿产资源勘探开发作业中产生的污染物的处置，应当遵守下列规定：

（一）含油污水不得直接或者经稀释排放入海，应当经处理符合国家有关排放标准后再排放；

（二）塑料制品、残油、废油、油基泥浆、含油垃圾和其他有毒有害残液残渣，不得直接排放或者弃置入海，应当集中储存在专门容器中，运回陆地处理。

第三十一条 严格控制向水基泥浆中添加油类，确需添加的，应当如实记录并向原核准该工程环境影响报告书的海洋主管部门报告添加油的种类和数量。禁止向海域排放含油量超过国家规定标准的水基泥浆和钻屑。

第三十二条 建设单位在海洋工程试运行或者正式投入运行后，应当如实记录污染物排放设施、处理设备的运转情况及其污染物的排放、处置情况，并按照国家海洋主管部门的规定，定期向原核准该工程环境影响报告书的海洋主管部门报告。

第三十三条 县级以上人民政府海洋主管部门，应当按照各自的权限核定海洋工程排放污染物的种类、数量，根据国务院价格主管部门和财政部门制定的收费标准确定排污者应当缴纳的排污费数额。

排污者应当到指定的商业银行缴纳排污费。

第三十四条 海洋油气矿产资源勘探开发作业中应当安装污染物流量自动监控仪器，对生产污水、机舱污水和生活污水的排放进行计量。

第三十五条 禁止向海域排放油类、酸液、碱液、剧毒废液和高、中水平放射性废水；严格限制向海域排放低水平放射性废水，确需排放的，应当符合国家放射性污染防治标准。

严格限制向大气排放含有毒物质的气体，确需排放的，应当经过净化处理，并不得超过国家或者地方规定的排放标准；向大气排放含放射性物质的气体，应当符合国家放射性污染防治标准。

严格控制向海域排放含有不易降解的有机物和重金属的废水；其他污染物的排放应当符合国家或者地方标准。

第三十六条 海洋工程排污费全额纳入财政预算，实行"收支两条线"管理，并全部专项用于海洋环境污染防治。具体办法由国务院财政部门会同国家海洋主管部门制定。

第五章　污染事故的预防和处理

第三十七条　建设单位应当在海洋工程正式投入运行前制定防治海洋工程污染损害海洋环境的应急预案，报原核准该工程环境影响报告书的海洋主管部门和有关主管部门备案。

第三十八条　防治海洋工程污染损害海洋环境的应急预案应当包括以下内容：

（一）工程及其相邻海域的环境、资源状况；

（二）污染事故风险分析；

（三）应急设施的配备；

（四）污染事故的处理方案。

第三十九条　海洋工程在建设、运行期间，由于发生事故或者其他突发性事件，造成或者可能造成海洋环境污染事故时，建设单位应当立即向可能受到污染的沿海县级以上地方人民政府海洋主管部门或者其他有关主管部门报告，并采取有效措施，减轻或者消除污染，同时通报可能受到危害的单位和个人。

沿海县级以上地方人民政府海洋主管部门或者其他有关主管部门接到报告后，应当按照污染事故分级规定及时向县级以上人民政府和上级有关主管部门报告。县级以上人民政府和有关主管部门应当按照各自的职责，立即派人赶赴现场，采取有效措施，消除或者减轻危害，对污染事故进行调查处理。

第四十条　在海洋自然保护区内进行海洋工程建设活动，应当按照国家有关海洋自然保护区的规定执行。

第六章　监督检查

第四十一条　县级以上人民政府海洋主管部门负责海洋工程污染损害海洋环境防治的监督检查，对违反海洋污染防治法律、法规的行为进行查处。

县级以上人民政府海洋主管部门的监督检查人员应当严格按照法律、法规规定的程序和权限进行监督检查。

第四十二条　县级以上人民政府海洋主管部门依法对海洋工程进行现场检查时，有权采取下列措施：

（一）要求被检查单位或者个人提供与环境保护有关的文件、证件、数据以及技术资料等，进行查阅或者复制；

（二）要求被检查单位负责人或者相关人员就有关问题作出说明；

（三）进入被检查单位的工作现场进行监测、勘查、取样检验、拍照、摄像；

（四）检查各项环境保护设施、设备和器材的安装、运行情况；

（五）责令违法者停止违法活动，接受调查处理；

（六）要求违法者采取有效措施，防止污染事态扩大。

第四十三条　县级以上人民政府海洋主管部门的监督检查人员进行现场执法检查时，应当出示规定的执法证件。用于执法检查、巡航监视的公务飞机、船舶和车辆应当有明显的执法标志。

第四十四条　被检查单位和个人应当如实提供材料，不得拒绝或者阻碍监督检查人员依法执行公务。

有关单位和个人对海洋主管部门的监督检查工作应当予以配合。

第四十五条　县级以上人民政府海洋主管部门对违反海洋污染防治法律、法规的行为，应当依法作出行政处理决定；有关海洋主管部门不依法作出行政处理决定的，上级海洋主管部门有权责令其依法作出行政处理决定或者直接作出行政处理决定。

第七章　法律责任

第四十六条　建设单位违反本条例规定，有下列行为之一的，由负责核准该工程环境影响报告书的海洋主管部门责令停止建设、运行，限期补办手续，并处 5 万元以上 20 万元以下的罚款：

（一）环境影响报告书未经核准，擅自开工建设的；

（二）海洋工程环境保护设施未申请验收或者经验收不合格即投入运行的。

第四十七条 建设单位违反本条例规定，有下列行为之一的，由原核准该工程环境影响报告书的海洋主管部门责令停止建设、运行，限期补办手续，并处 5 万元以上 20 万元以下的罚款：

（一）海洋工程的性质、规模、地点、生产工艺或者拟采取的环境保护措施发生重大改变，未重新编制环境影响报告书报原核准该工程环境影响报告书的海洋主管部门核准的；

（二）自环境影响报告书核准之日起超过 5 年，海洋工程方开工建设，其环境影响报告书未重新报原核准该工程环境影响报告书的海洋主管部门核准的；

（三）海洋工程需要拆除或者改作他用时，未报原核准该工程环境影响报告书的海洋主管部门批准或者未按要求进行环境影响评价的。

第四十八条 建设单位违反本条例规定，有下列行为之一的，由原核准该工程环境影响报告书的海洋主管部门责令限期改正；逾期不改正的，责令停止运行，并处 1 万元以上 10 万元以下的罚款：

（一）擅自拆除或者闲置环境保护设施的；

（二）未在规定时间内进行环境影响后评价或者未按要求采取整改措施的。

第四十九条 建设单位违反本条例规定，有下列行为之一的，由县级以上人民政府海洋主管部门责令停止建设、运行，限期恢复原状；逾期未恢复原状的，海洋主管部门可以指定具有相应资质的单位代为恢复原状，所需费用由建设单位承担，并处恢复原状所需费用 1 倍以上 2 倍以下的罚款：

（一）造成领海基点及其周围环境被侵蚀、淤积或者损害的；

（二）违反规定在海洋自然保护区内进行海洋工程建设活动的。

第五十条　建设单位违反本条例规定，在围填海工程中使用的填充材料不符合有关环境保护标准的，由县级以上人民政府海洋主管部门责令限期改正；逾期不改正的，责令停止建设、运行，并处5万元以上20万元以下的罚款；造成海洋环境污染事故，直接负责的主管人员和其他直接责任人员构成犯罪的，依法追究刑事责任。

第五十一条　建设单位违反本条例规定，有下列行为之一的，由原核准该工程环境影响报告书的海洋主管部门责令限期改正；逾期不改正的，处1万元以上5万元以下的罚款：

（一）未按规定报告污染物排放设施、处理设备的运转情况或者污染物的排放、处置情况的；

（二）未按规定报告其向水基泥浆中添加油的种类和数量的；

（三）未按规定将防治海洋工程污染损害海洋环境的应急预案备案的；

（四）在海上爆破作业前未按规定报告海洋主管部门的；

（五）进行海上爆破作业时，未按规定设置明显标志、信号的。

第五十二条　建设单位违反本条例规定，进行海上爆破作业时未采取有效措施保护海洋资源的，由县级以上人民政府海洋主管部门责令限期改正；逾期未改正的，处1万元以上10万元以下的罚款。

建设单位违反本条例规定，在重要渔业水域进行炸药爆破或者进行其他可能对渔业资源造成损害的作业，未避开主要经济类鱼虾产卵期的，由县级以上人民政府海洋主管部门予以警告、责令停止作业，并处5万元以上20万元以下的罚款。

第五十三条　海洋油气矿产资源勘探开发单位违反本条例规定向海洋排放含油污水，或者将塑料制品、残油、废油、油基泥浆、含油垃圾和其他有毒有害残液残渣直接排放或者弃置入海的，由国家海洋主管部门或者其派出机构责令限期清理，并处2万元以上20万元以下的罚款；逾期未清理的，国家海洋主管部门或者其派出机构可以指定有相应资质的单位代为清理，所需费用由海洋油气矿产资源勘探开发单位承担;造成海洋环境污染事故,直接负责的主管人员和其他直接责任人员构成犯罪的,依法追究刑事责任。

第五十四条 海水养殖者未按规定采取科学的养殖方式,对海洋环境造成污染或者严重影响海洋景观的,由县级以上人民政府海洋主管部门责令限期改正;逾期不改正的,责令停止养殖活动,并处清理污染或者恢复海洋景观所需费用1倍以上2倍以下的罚款。

第五十五条 建设单位未按本条例规定缴纳排污费的,由县级以上人民政府海洋主管部门责令限期缴纳;逾期拒不缴纳的,处应缴纳排污费数额2倍以上3倍以下的罚款。

第五十六条 违反本条例规定,造成海洋环境污染损害的,责任者应当排除危害,赔偿损失。完全由于第三者的故意或者过失造成海洋环境污染损害的,由第三者排除危害,承担赔偿责任。

违反本条例规定,造成海洋环境污染事故,直接负责的主管人员和其他直接责任人员构成犯罪的,依法追究刑事责任。

第五十七条 海洋主管部门的工作人员违反本条例规定,有下列情形之一的,依法给予行政处分;构成犯罪的,依法追究刑事责任:

(一)未按规定核准海洋工程环境影响报告书的;
(二)未按规定验收环境保护设施的;
(三)未按规定对海洋环境污染事故进行报告和调查处理的;
(四)未按规定征收排污费的;
(五)未按规定进行监督检查的。

第八章 附 则

第五十八条 船舶污染的防治按照国家有关法律、行政法规的规定执行。

第五十九条 本条例自2006年11月1日起施行。

全国普法学习读本
★★★★★

>>>>>特殊环境保护法律法规学习读本<<<<<

特殊区域环保法律法规

加大全民普法力度,建设社会主义法治文化,树立宪法法律至上、法律面前人人平等的法治理念。
——中国共产党第十九次全国代表大会《决胜全面建成小康社会 夺取新时代中国特色社会主义伟大胜利》

王金锋 主编

汕头大学出版社

图书在版编目（CIP）数据

特殊区域环保法律法规/王金锋主编. -- 汕头：汕头大学出版社（2021.7重印）

（特殊环境保护法律法规学习读本）

ISBN 978-7-5658-2959-8

Ⅰ.①特… Ⅱ.①王… Ⅲ.①环境保护法-基本知识-中国 Ⅳ.①D922.684

中国版本图书馆 CIP 数据核字（2018）第 035686 号

特殊区域环保法律法规　　TESHU QUYU HUANBAO FALÜ FAGUI

主　　编：王金锋
责任编辑：邹　峰
责任技编：黄东生
封面设计：大华文苑
出版发行：汕头大学出版社
　　　　　广东省汕头市大学路 243 号汕头大学校园内　邮政编码：515063
电　　话：0754-82904613
印　　刷：三河市南阳印刷有限公司
开　　本：690mm×960mm 1/16
印　　张：18
字　　数：226 千字
版　　次：2018 年 5 月第 1 版
印　　次：2021 年 7 月第 2 次印刷
定　　价：59.60 元（全 2 册）

ISBN 978-7-5658-2959-8

版权所有，翻版必究
如发现印装质量问题，请与承印厂联系退换

前　言

习近平总书记指出："推进全民守法，必须着力增强全民法治观念。要坚持把全民普法和守法作为依法治国的长期基础性工作，采取有力措施加强法制宣传教育。要坚持法治教育从娃娃抓起，把法治教育纳入国民教育体系和精神文明创建内容，由易到难、循序渐进不断增强青少年的规则意识。要健全公民和组织守法信用记录，完善守法诚信褒奖机制和违法失信行为惩戒机制，形成守法光荣、违法可耻的社会氛围，使遵法守法成为全体人民共同追求和自觉行动。"

中共中央、国务院曾经转发了中央宣传部、司法部关于在公民中开展法治宣传教育的规划，并发出通知，要求各地区各部门结合实际认真贯彻执行。通知指出，全民普法和守法是依法治国的长期基础性工作。深入开展法治宣传教育，是全面建成小康社会和新农村的重要保障。

普法规划指出：各地区各部门要根据实际需要，从不同群体的特点出发，因地制宜开展有特色的法治宣传教育坚持集中法治宣传教育与经常性法治宣传教育相结合，深化法律进机关、进乡村、进社区、进学校、进企业、进单位的"法律六进"主题活动，完善工作标准，建立长效机制。

特别是农业、农村和农民问题，始终是关系党和人民事业发展的全局性和根本性问题。党中央、国务院发布的《关于推进社会主义新农村建设的若干意见》中明确提出要"加强农村法制建设，深入开展农村普法教育，增强农民的法制观念，提高农民依法行使权利和履行义务的自觉性。"多年普法实践证明，普及法律知识，提高法制观念，增强全社会依法办事意识具有重要作用。特别是在广大农村进行普法教育，是提高全民法律素质的需要。

多年来，我国在农村实行的改革开放取得了极大成功，农村发生了翻天覆地的变化，广大农民生活水平大大得到了提高。但是，由于历史和社会等原因，现阶段我国一些地区农民文化素质还不高，不学法、不懂法、不守法现象虽然较原来有所改变，但仍有相当一部分群众的法制观念仍很淡化，不懂、不愿借助法律来保护自身权益，这就极易受到不法的侵害，或极易进行违法犯罪活动，严重阻碍了全面建成小康社会和新农村步伐。

为此，根据党和政府的指示精神以及普法规划，特别是根据广大农村农民的现状，在有关部门和专家的指导下，特别编辑了这套《全国普法学习读本》。主要包括了广大人民群众应知应懂、实际实用的法律法规。为了辅导学习，附录还收入了相应法律法规的条例准则、实施细则、解读解答、案例分析等；同时为了突出法律法规的实际实用特点，兼顾地方性和特殊性，附录还收入了部分某些地方性法律法规以及非法律法规的政策文件、管理制度、应用表格等内容，拓展了本书的知识范围，使法律法规更"接地气"，便于读者学习掌握和实际应用。

在众多法律法规中，我们通过甄别，淘汰了废止的，精选了最新的、权威的和全面的。但有部分法律法规有些条款不适应当下情况了，却没有颁布新的，我们又不能擅自改动，只得保留原有条款，但附录却有相应的补充修改意见或通知等。众多法律法规根据不同内容和受众特点，经过归类组合，优化配套。整套普法读本非常全面系统，具有很强的学习性、实用性和指导性，非常适合用于广大农村和城乡普法学习教育与实践指导。总之，是全国全民普法的良好读本。

目 录

中华人民共和国海洋环境保护法

第一章　总　则 …………………………………………… (2)
第二章　海洋环境监督管理 ……………………………… (4)
第三章　海洋生态保护 …………………………………… (7)
第四章　防治陆源污染物对海洋环境的污染损害 ………… (9)
第五章　防治海岸工程建设项目对海洋环境的污染损害 … (11)
第六章　防治海洋工程建设项目对海洋环境的污染损害 … (12)
第七章　防治倾倒废弃物对海洋环境的污染损害 ………… (14)
第八章　防治船舶及有关作业活动对海洋环境的污染损害 … (15)
第九章　法律责任 ………………………………………… (17)
第十章　附　则 …………………………………………… (22)
附　录
　中华人民共和国船舶污染海洋环境应急防备和
　　应急处置管理规定 …………………………………… (24)
　中华人民共和国船舶及其有关作业活动污染海洋环境
　　防治管理规定 ………………………………………… (37)

中国海监海洋环境保护执法工作实施办法

一、区域管辖 ……………………………………………… (56)
二、层级管理 ……………………………………………… (57)
三、检查内容 ……………………………………………… (58)

— 1 —

四、检查方式 …………………………………………… (59)

五、案件查处 …………………………………………… (61)

湖泊生态环境保护试点管理办法

第一章　总　则 ……………………………………………… (64)

第二章　试点湖泊选择与中央资金安排 ……………… (64)

第三章　试点绩效目标与试点实施方案 ……………… (65)

第四章　中央资金使用与具体项目实施 ……………… (66)

第五章　绩效管理与奖惩机制 ……………………… (66)

第六章　附　则 ……………………………………… (68)

附　录

江河湖泊生态环境保护项目资金管理办法 ……… (69)

电力工业环境保护管理办法

第一章　总　则 ……………………………………………… (75)

第二章　机构和职责 ……………………………………… (76)

第三章　建设项目环境保护管理 ………………………… (78)

第四章　生产过程环境保护管理 ………………………… (80)

第五章　科研、教学、培训及国际交往 …………………… (80)

第六章　监督管理 ……………………………………… (81)

第七章　奖励与惩罚 ……………………………………… (83)

第八章　附　则 ……………………………………… (83)

风电场工程建设用地和环境保护管理暂行办法

第一章　总　则 ……………………………………………… (85)

第二章　建设用地 ……………………………………… (85)

第三章　环境保护 …………………………………………（86）
第四章　其　它 ……………………………………………（87）
第五章　附　则 ……………………………………………（87）
附　录
　　气象设施和气象探测环境保护条例 ……………………（88）

建设项目环境保护管理条例

第一章　总　则 ……………………………………………（96）
第二章　环境影响评价 ……………………………………（97）
第三章　环境保护设施建设 ………………………………（101）
第四章　法律责任 …………………………………………（102）
第五章　附　则 ……………………………………………（104）
附　录
　　环境保护公众参与办法 …………………………………（105）

农村水电建设项目环境保护管理办法

第一章　总　则 ……………………………………………（109）
第二章　环境影响评价预审 ………………………………（110）
第三章　环境保护设施与管理 ……………………………（112）
第四章　附　则 ……………………………………………（113）

交通建设项目环境保护管理办法

第一章　总　则 ……………………………………………（114）
第二章　环境影响评价程序 ………………………………（115）
第三章　环境保护设施 ……………………………………（117）
第四章　罚　则 ……………………………………………（118）

— 3 —

第五章　附　则 ……………………………………（119）
附　录
　　交通行业环境保护管理规定 ……………………（120）

矿山地质环境保护规定

第一章　总　则 ……………………………………（129）
第二章　规　划 ……………………………………（130）
第三章　治理恢复 …………………………………（131）
第四章　监督管理 …………………………………（134）
第五章　法律责任 …………………………………（135）
第六章　附　则 ……………………………………（136）

— 4 —

中华人民共和国海洋环境保护法

中华人民共和国主席令
第八十一号

《全国人民代表大会常务委员会关于修改〈中华人民共和国会计法〉等十一部法律的决定》已由中华人民共和国第十二届全国人民代表大会常务委员会第三十次会议于2017年11月4日通过，现予公布，自2017年11月5日起施行。

中华人民共和国主席　习近平
2017年11月4日

（1982年8月23日第五届全国人民代表大会常务委员会第二十四次会议通过；根据1999年12月25日第九届全国人民代表大会常务委员会第十三次会议修订；根据2013年12月28日第十二届全国人民代表大会常务委员会第六次会议《关于修改〈中华人民共和国海洋环境保护法〉等七部法律的决

定》修正；根据2016年11月7日主席令第五十六号《全国人大常委会关于修改〈中华人民共和国海洋环境保护法〉的决定》修改；根据2017年11月4日中华人民共和国第十二届全国人民代表大会常务委员会第三十次会议通过的《全国人民代表大会常务委员会关于修改〈中华人民共和国会计法〉等十一部法律的决定》修正）

第一章 总 则

第一条 为了保护和改善海洋环境，保护海洋资源，防治污染损害，维护生态平衡，保障人体健康，促进经济和社会的可持续发展，制定本法。

第二条 本法适用于中华人民共和国内水、领海、毗连区、专属经济区、大陆架以及中华人民共和国管辖的其他海域。

在中华人民共和国管辖海域内从事航行、勘探、开发、生产、旅游、科学研究及其他活动，或者在沿海陆域内从事影响海洋环境活动的任何单位和个人，都必须遵守本法。

在中华人民共和国管辖海域以外，造成中华人民共和国管辖海域污染的，也适用本法。

第三条 国家在重点海洋生态功能区、生态环境敏感区和脆弱区等海域划定生态保护红线，实行严格保护。

国家建立并实施重点海域排污总量控制制度，确定主要污染物排海总量控制指标，并对主要污染源分配排放控制数量。具体办法由国务院制定。

第四条 一切单位和个人都有保护海洋环境的义务，并有权对污染损害海洋环境的单位和个人，以及海洋环境监督管理人员的违法失职行为进行监督和检举。

第五条 国务院环境保护行政主管部门作为对全国环境保护工作统一监督管理的部门，对全国海洋环境保护工作实施指导、协调和监督，并负责全国防治陆源污染物和海岸工程建设项目对海洋污染损害的环境保护工作。

国家海洋行政主管部门负责海洋环境的监督管理，组织海洋环境的调查、监测、监视、评价和科学研究，负责全国防治海洋工程建设项目和海洋倾倒废弃物对海洋污染损害的环境保护工作。

国家海事行政主管部门负责所辖港区水域内非军事船舶和港区水域外非渔业、非军事船舶污染海洋环境的监督管理，并负责污染事故的调查处理；对在中华人民共和国管辖海域航行、停泊和作业的外国籍船舶造成的污染事故登轮检查处理。船舶污染事故给渔业造成损害的，应当吸收渔业行政主管部门参与调查处理。

国家渔业行政主管部门负责渔港水域内非军事船舶和渔港水域外渔业船舶污染海洋环境的监督管理，负责保护渔业水域生态环境工作，并调查处理前款规定的污染事故以外的渔业污染事故。

军队环境保护部门负责军事船舶污染海洋环境的监督管理及污染事故的调查处理。

沿海县级以上地方人民政府行使海洋环境监督管理权的部门的职责，由省、自治区、直辖市人民政府根据本法及国务院有关规定确定。

第六条 环境保护行政主管部门、海洋行政主管部门和其他行使海洋环境监督管理权的部门，根据职责分工依法公开海洋环境相关信息；相关排污单位应当依法公开排污信息。

第二章 海洋环境监督管理

第七条 国家海洋行政主管部门会同国务院有关部门和沿海省、自治区、直辖市人民政府根据全国海洋主体功能区规划，拟定全国海洋功能区划，报国务院批准。

沿海地方各级人民政府应当根据全国和地方海洋功能区划，保护和科学合理地使用海域。

第八条 国家根据海洋功能区划制定全国海洋环境保护规划和重点海域区域性海洋环境保护规划。

毗邻重点海域的有关沿海省、自治区、直辖市人民政府及行使海洋环境监督管理权的部门，可以建立海洋环境保护区域合作组织，负责实施重点海域区域性海洋环境保护规划、海洋环境污染的防治和海洋生态保护工作。

第九条 跨区域的海洋环境保护工作，由有关沿海地方人民政府协商解决，或者由上级人民政府协调解决。

跨部门的重大海洋环境保护工作，由国务院环境保护行政主管部门协调；协调未能解决的，由国务院作出决定。

第十条 国家根据海洋环境质量状况和国家经济、技术条件，制定国家海洋环境质量标准。

沿海省、自治区、直辖市人民政府对国家海洋环境质量标准中未作规定的项目，可以制定地方海洋环境质量标准。

沿海地方各级人民政府根据国家和地方海洋环境质量标准

的规定和本行政区近岸海域环境质量状况,确定海洋环境保护的目标和任务,并纳入人民政府工作计划,按相应的海洋环境质量标准实施管理。

第十一条 国家和地方水污染物排放标准的制定,应当将国家和地方海洋环境质量标准作为重要依据之一。在国家建立并实施排污总量控制制度的重点海域,水污染物排放标准的制定,还应当将主要污染物排海总量控制指标作为重要依据。

排污单位在执行国家和地方水污染物排放标准的同时,应当遵守分解落实到本单位的主要污染物排海总量控制指标。

对超过主要污染物排海总量控制指标的重点海域和未完成海洋环境保护目标、任务的海域,省级以上人民政府环境保护行政主管部门、海洋行政主管部门,根据职责分工暂停审批新增相应种类污染物排放总量的建设项目环境影响报告书(表)。

第十二条 直接向海洋排放污染物的单位和个人,必须按照国家规定缴纳排污费。依照法律规定缴纳环境保护税的,不再缴纳排污费。

向海洋倾倒废弃物,必须按照国家规定缴纳倾倒费。

根据本法规定征收的排污费、倾倒费,必须用于海洋环境污染的整治,不得挪作他用。具体办法由国务院规定。

第十三条 国家加强防治海洋环境污染损害的科学技术的研究和开发,对严重污染海洋环境的落后生产工艺和落后设备,实行淘汰制度。

企业应当优先使用清洁能源,采用资源利用率高、污染物排放量少的清洁生产工艺,防止对海洋环境的污染。

第十四条 国家海洋行政主管部门按照国家环境监测、监视规范和标准，管理全国海洋环境的调查、监测、监视，制定具体的实施办法，会同有关部门组织全国海洋环境监测、监视网络，定期评价海洋环境质量，发布海洋巡航监视通报。

依照本法规定行使海洋环境监督管理权的部门分别负责各自所辖水域的监测、监视。

其他有关部门根据全国海洋环境监测网的分工，分别负责对入海河口、主要排污口的监测。

第十五条 国务院有关部门应当向国务院环境保护行政主管部门提供编制全国环境质量公报所必需的海洋环境监测资料。

环境保护行政主管部门应当向有关部门提供与海洋环境监督管理有关的资料。

第十六条 国家海洋行政主管部门按照国家制定的环境监测、监视信息管理制度，负责管理海洋综合信息系统，为海洋环境保护监督管理提供服务。

第十七条 因发生事故或者其他突发性事件，造成或者可能造成海洋环境污染事故的单位和个人，必须立即采取有效措施，及时向可能受到危害者通报，并向依照本法规定行使海洋环境监督管理权的部门报告，接受调查处理。

沿海县级以上地方人民政府在本行政区域近岸海域的环境受到严重污染时，必须采取有效措施，解除或者减轻危害。

第十八条 国家根据防止海洋环境污染的需要，制定国家重大海上污染事故应急计划。

国家海洋行政主管部门负责制定全国海洋石油勘探开发重大海上溢油应急计划，报国务院环境保护行政主管部门备案。

国家海事行政主管部门负责制定全国船舶重大海上溢油污

染事故应急计划，报国务院环境保护行政主管部门备案。

沿海可能发生重大海洋环境污染事故的单位，应当依照国家的规定，制定污染事故应急计划，并向当地环境保护行政主管部门、海洋行政主管部门备案。

沿海县级以上地方人民政府及其有关部门在发生重大海上污染事故时，必须按照应急计划解除或者减轻危害。

第十九条 依照本法规定行使海洋环境监督管理权的部门可以在海上实行联合执法，在巡航监视中发现海上污染事故或者违反本法规定的行为时，应当予以制止并调查取证，必要时有权采取有效措施，防止污染事态的扩大，并报告有关主管部门处理。

依照本法规定行使海洋环境监督管理权的部门，有权对管辖范围内排放污染物的单位和个人进行现场检查。被检查者应当如实反映情况，提供必要的资料。

检查机关应当为被检查者保守技术秘密和业务秘密。

第三章 海洋生态保护

第二十条 国务院和沿海地方各级人民政府应当采取有效措施，保护红树林、珊瑚礁、滨海湿地、海岛、海湾、入海河口、重要渔业水域等具有典型性、代表性的海洋生态系统，珍稀、濒危海洋生物的天然集中分布区，具有重要经济价值的海洋生物生存区域及有重大科学文化价值的海洋自然历史遗迹和自然景观。

对具有重要经济、社会价值的已遭到破坏的海洋生态，应当进行整治和恢复。

第二十一条　国务院有关部门和沿海省级人民政府应当根据保护海洋生态的需要，选划、建立海洋自然保护区。

国家级海洋自然保护区的建立，须经国务院批准。

第二十二条　凡具有下列条件之一的，应当建立海洋自然保护区：

（一）典型的海洋自然地理区域、有代表性的自然生态区域，以及遭受破坏但经保护能恢复的海洋自然生态区域；

（二）海洋生物物种高度丰富的区域，或者珍稀、濒危海洋生物物种的天然集中分布区域；

（三）具有特殊保护价值的海域、海岸、岛屿、滨海湿地、入海河口和海湾等；

（四）具有重大科学文化价值的海洋自然遗迹所在区域；

（五）其他需要予以特殊保护的区域。

第二十三条　凡具有特殊地理条件、生态系统、生物与非生物资源及海洋开发利用特殊需要的区域，可以建立海洋特别保护区，采取有效的保护措施和科学的开发方式进行特殊管理。

第二十四条　国家建立健全海洋生态保护补偿制度。

开发利用海洋资源，应当根据海洋功能区划合理布局，严格遵守生态保护红线，不得造成海洋生态环境破坏。

第二十五条　引进海洋动植物物种，应当进行科学论证，避免对海洋生态系统造成危害。

第二十六条　开发海岛及周围海域的资源，应当采取严格的生态保护措施，不得造成海岛地形、岸滩、植被以及海岛周围海域生态环境的破坏。

第二十七条　沿海地方各级人民政府应当结合当地自然环境的特点，建设海岸防护设施、沿海防护林、沿海城镇园林和绿地,对海岸侵蚀和海水入侵地区进行综合治理。

禁止毁坏海岸防护设施、沿海防护林、沿海城镇园林和绿地。

第二十八条 国家鼓励发展生态渔业建设,推广多种生态渔业生产方式,改善海洋生态状况。

新建、改建、扩建海水养殖场,应当进行环境影响评价。

海水养殖应当科学确定养殖密度,并应当合理投饵、施肥,正确使用药物,防止造成海洋环境的污染。

第四章 防治陆源污染物对海洋环境的污染损害

第二十九条 向海域排放陆源污染物,必须严格执行国家或者地方规定的标准和有关规定。

第三十条 入海排污口位置的选择,应当根据海洋功能区划、海水动力条件和有关规定,经科学论证后,报设区的市级以上人民政府环境保护行政主管部门备案。

环境保护行政主管部门应当在完成备案后十五个工作日内将入海排污口设置情况通报海洋、海事、渔业行政主管部门和军队环境保护部门。

在海洋自然保护区、重要渔业水域、海滨风景名胜区和其他需要特别保护的区域,不得新建排污口。

在有条件的地区,应当将排污口深海设置,实行离岸排放。设置陆源污染物深海离岸排放排污口,应当根据海洋功能区划、海水动力条件和海底工程设施的有关情况确定,具体办法由国务院规定。

第三十一条 省、自治区、直辖市人民政府环境保护行政主管部门和水行政主管部门应当按照水污染防治有关法律的规定，加强入海河流管理，防治污染，使入海河口的水质处于良好状态。

第三十二条 排放陆源污染物的单位，必须向环境保护行政主管部门申报拥有的陆源污染物排放设施、处理设施和在正常作业条件下排放陆源污染物的种类、数量和浓度，并提供防治海洋环境污染方面的有关技术和资料。

排放陆源污染物的种类、数量和浓度有重大改变的，必须及时申报。

第三十三条 禁止向海域排放油类、酸液、碱液、剧毒废液和高、中水平放射性废水。

严格限制向海域排放低水平放射性废水；确需排放的，必须严格执行国家辐射防护规定。

严格控制向海域排放含有不易降解的有机物和重金属的废水。

第三十四条 含病原体的医疗污水、生活污水和工业废水必须经过处理，符合国家有关排放标准后，方能排入海域。

第三十五条 含有机物和营养物质的工业废水、生活污水，应当严格控制向海湾、半封闭海及其他自净能力较差的海域排放。

第三十六条 向海域排放含热废水，必须采取有效措施，保证邻近渔业水域的水温符合国家海洋环境质量标准，避免热污染对水产资源的危害。

第三十七条 沿海农田、林场施用化学农药，必须执行国家农药安全使用的规定和标准。

沿海农田、林场应当合理使用化肥和植物生长调节剂。

第三十八条　在岸滩弃置、堆放和处理尾矿、矿渣、煤灰渣、垃圾和其他固体废物的，依照《中华人民共和国固体废物污染环境防治法》的有关规定执行。

第三十九条　禁止经中华人民共和国内水、领海转移危险废物。

经中华人民共和国管辖的其他海域转移危险废物的，必须事先取得国务院环境保护行政主管部门的书面同意。

第四十条　沿海城市人民政府应当建设和完善城市排水管网，有计划地建设城市污水处理厂或者其他污水集中处理设施，加强城市污水的综合整治。

建设污水海洋处置工程，必须符合国家有关规定。

第四十一条　国家采取必要措施，防止、减少和控制来自大气层或者通过大气层造成的海洋环境污染损害。

第五章　防治海岸工程建设项目对海洋环境的污染损害

第四十二条　新建、改建、扩建海岸工程建设项目，必须遵守国家有关建设项目环境保护管理的规定，并把防治污染所需资金纳入建设项目投资计划。

在依法划定的海洋自然保护区、海滨风景名胜区、重要渔业水域及其他需要特别保护的区域，不得从事污染环境、破坏景观的海岸工程项目建设或者其他活动。

第四十三条　海岸工程建设项目单位，必须对海洋环境进行科学调查，根据自然条件和社会条件，合理选址，编制环境影响报告书（表）。在建设项目开工前，将环境影响报告书（表）报环境保护行政主管部门审查批准。

环境保护行政主管部门在批准环境影响报告书（表）之前，必须征求海洋、海事、渔业行政主管部门和军队环境保护部门的意见。

第四十四条　海岸工程建设项目的环境保护设施，必须与主体工程同时设计、同时施工、同时投产使用。环境保护设施应当符合经批准的环境影响评价报告书（表）的要求。

第四十五条　禁止在沿海陆域内新建不具备有效治理措施的化学制浆造纸、化工、印染、制革、电镀、酿造、炼油、岸边冲滩拆船以及其他严重污染海洋环境的工业生产项目。

第四十六条　兴建海岸工程建设项目，必须采取有效措施，保护国家和地方重点保护的野生动植物及其生存环境和海洋水产资源。

严格限制在海岸采挖砂石。露天开采海滨砂矿和从岸上打井开采海底矿产资源，必须采取有效措施，防止污染海洋环境。

第六章　防治海洋工程建设项目对海洋环境的污染损害

第四十七条　海洋工程建设项目必须符合全国海洋主体功能区规划、海洋功能区划、海洋环境保护规划和国家有关环境保护标准。海洋工程建设项目单位应当对海洋环境进行科学调查，编制海洋环境影响报告书（表），并在建设项目开工前，报海洋行政主管部门审查批准。

海洋行政主管部门在批准海洋环境影响报告书（表）之前，必须征求海事、渔业行政主管部门和军队环境保护部门的意见。

第四十八条 海洋工程建设项目的环境保护设施，必须与主体工程同时设计、同时施工、同时投产使用。环境保护设施未经海洋行政主管部门验收，或者经验收不合格的，建设项目不得投入生产或者使用。

拆除或者闲置环境保护设施，必须事先征得海洋行政主管部门的同意。

第四十九条 海洋工程建设项目，不得使用含超标准放射性物质或者易溶出有毒有害物质的材料。

第五十条 海洋工程建设项目需要爆破作业时，必须采取有效措施，保护海洋资源。

海洋石油勘探开发及输油过程中，必须采取有效措施，避免溢油事故的发生。

第五十一条 海洋石油钻井船、钻井平台和采油平台的含油污水和油性混合物，必须经过处理达标后排放；残油、废油必须予以回收，不得排放入海。经回收处理后排放的，其含油量不得超过国家规定的标准。

钻井所使用的油基泥浆和其他有毒复合泥浆不得排放入海。水基泥浆和无毒复合泥浆及钻屑的排放，必须符合国家有关规定。

第五十二条 海洋石油钻井船、钻井平台和采油平台及其有关海上设施，不得向海域处置含油的工业垃圾。处置其他工业垃圾，不得造成海洋环境污染。

第五十三条 海上试油时，应当确保油气充分燃烧，油和油性混合物不得排放入海。

第五十四条 勘探开发海洋石油,必须按有关规定编制溢油应急计划,报国家海洋行政主管部门的海区派出机构备案。

第七章 防治倾倒废弃物对海洋环境的污染损害

第五十五条 任何单位未经国家海洋行政主管部门批准,不得向中华人民共和国管辖海域倾倒任何废弃物。

需要倾倒废弃物的单位,必须向国家海洋行政主管部门提出书面申请,经国家海洋行政主管部门审查批准,发给许可证后,方可倾倒。

禁止中华人民共和国境外的废弃物在中华人民共和国管辖海域倾倒。

第五十六条 国家海洋行政主管部门根据废弃物的毒性、有毒物质含量和对海洋环境影响程度,制定海洋倾倒废弃物评价程序和标准。

向海洋倾倒废弃物,应当按照废弃物的类别和数量实行分级管理。

可以向海洋倾倒的废弃物名录,由国家海洋行政主管部门拟定,经国务院环境保护行政主管部门提出审核意见后,报国务院批准。

第五十七条 国家海洋行政主管部门按照科学、合理、经济、安全的原则选划海洋倾倒区,经国务院环境保护行政主管部门提出审核意见后,报国务院批准。

临时性海洋倾倒区由国家海洋行政主管部门批准,并报国务院环境保护行政主管部门备案。

国家海洋行政主管部门在选划海洋倾倒区和批准临时性海洋倾倒区之前，必须征求国家海事、渔业行政主管部门的意见。

第五十八条　国家海洋行政主管部门监督管理倾倒区的使用，组织倾倒区的环境监测，对经确认不宜继续使用的倾倒区，国家海洋行政主管部门应当予以封闭，终止在该倾倒区的一切倾倒活动，并报国务院备案。

第五十九条　获准倾倒废弃物的单位，必须按照许可证注明的期限及条件，到指定的区域进行倾倒。废弃物装载之后，批准部门应当予以核实。

第六十条　获准倾倒废弃物的单位，应当详细记录倾倒的情况，并在倾倒后向批准部门作出书面报告。倾倒废弃物的船舶必须向驶出港的海事行政主管部门作出书面报告。

第六十一条　禁止在海上焚烧废弃物。

禁止在海上处置放射性废弃物或者其他放射性物质。废弃物中的放射性物质的豁免浓度由国务院制定。

第八章　防治船舶及有关作业活动对海洋环境的污染损害

第六十二条　在中华人民共和国管辖海域，任何船舶及相关作业不得违反本法规定向海洋排放污染物、废弃物和压载水、船舶垃圾及其他有害物质。

从事船舶污染物、废弃物、船舶垃圾接收、船舶清舱、洗舱作业活动的，必须具备相应的接收处理能力。

第六十三条 船舶必须按照有关规定持有防止海洋环境污染的证书与文书，在进行涉及污染物排放及操作时，应当如实记录。

第六十四条 船舶必须配置相应的防污设备和器材。

载运具有污染危害性货物的船舶，其结构与设备应当能够防止或者减轻所载货物对海洋环境的污染。

第六十五条 船舶应当遵守海上交通安全法律、法规的规定，防止因碰撞、触礁、搁浅、火灾或者爆炸等引起的海难事故，造成海洋环境的污染。

第六十六条 国家完善并实施船舶油污损害民事赔偿责任制度；按照船舶油污损害赔偿责任由船东和货主共同承担风险的原则，建立船舶油污保险、油污损害赔偿基金制度。

实施船舶油污保险、油污损害赔偿基金制度的具体办法由国务院规定。

第六十七条 载运具有污染危害性货物进出港口的船舶，其承运人、货物所有人或者代理人，必须事先向海事行政主管部门申报。经批准后，方可进出港口、过境停留或者装卸作业。

第六十八条 交付船舶装运污染危害性货物的单证、包装、标志、数量限制等，必须符合对所装货物的有关规定。

需要船舶装运污染危害性不明的货物，应当按照有关规定事先进行评估。

装卸油类及有毒有害货物的作业，船岸双方必须遵守安全防污操作规程。

第六十九条 港口、码头、装卸站和船舶修造厂必须按照有关规定备有足够的用于处理船舶污染物、废弃物的接收设施，并使该设施处于良好状态。

装卸油类的港口、码头、装卸站和船舶必须编制溢油污染应急计划,并配备相应的溢油污染应急设备和器材。

第七十条 船舶及有关作业活动应当遵守有关法律法规和标准,采取有效措施,防止造成海洋环境污染。海事行政主管部门等有关部门应当加强对船舶及有关作业活动的监督管理。

船舶进行散装液体污染危害性货物的过驳作业,应当事先按照有关规定报经海事行政主管部门批准。

第七十一条 船舶发生海难事故,造成或者可能造成海洋环境重大污染损害的,国家海事行政主管部门有权强制采取避免或者减少污染损害的措施。

对在公海上因发生海难事故,造成中华人民共和国管辖海域重大污染损害后果或者具有污染威胁的船舶、海上设施,国家海事行政主管部门有权采取与实际的或者可能发生的损害相称的必要措施。

第七十二条 所有船舶均有监视海上污染的义务,在发现海上污染事故或者违反本法规定的行为时,必须立即向就近的依照本法规定行使海洋环境监督管理权的部门报告。

民用航空器发现海上排污或者污染事件,必须及时向就近的民用航空空中交通管制单位报告。接到报告的单位,应当立即向依照本法规定行使海洋环境监督管理权的部门通报。

第九章 法律责任

第七十三条 违反本法有关规定,有下列行为之一的,由依照本法规定行使海洋环境监督管理权的部门责令停止违法行为、限期改正或者责令采取限制生产、停产整治等措施，并处以罚款；拒不改正的，依法作出处罚决定的部门可以自责令改正之日的次日起，按照原罚款数额按日连续处罚；情节严重的，报经有批准权的人民政府批准，责令停业、关闭：（一）向海域排放本法禁止排放的污染物或者其他物质的；（二）不按照本法规定向海洋排放污染物，或者超过标准、总量控制指标排放污染物的；（三）未取得海洋倾倒许可证，向海洋倾倒废弃物的；（四）因发生事故或者其他突发性事件，造成海洋环境污染事故，不立即采取处理措施的。

有前款第（一）、（三）项行为之一的，处三万元以上二十万元以下的罚款；有前款第（二）、（四）项行为之一的，处二万元以上十万元以下的罚款。

第七十四条　违反本法有关规定，有下列行为之一的，由依照本法规定行使海洋环境监督管理权的部门予以警告，或者处以罚款：（一）不按照规定申报，甚至拒报污染物排放有关事项，或者在申报时弄虚作假的；（二）发生事故或者其他突发性事件不按照规定报告的；（三）不按照规定记录倾倒情况，或者不按照规定提交倾倒报告的；（四）拒报或者谎报船舶载运污染危害性货物申报事项的。

有前款第（一）、（三）项行为之一的，处二万元以下的罚款；有前款第（二）、（四）项行为之一的，处五万元以下的罚款。

第七十五条　违反本法第十九条第二款的规定，拒绝现场检查，或者在被检查时弄虚作假的，由依照本法规定行使海洋环境监督管理权的部门予以警告，并处二万元以下的罚款。

第七十六条　违反本法规定，造成珊瑚礁、红树林等海洋生态系统及海洋水产资源、海洋保护区破坏的,由依照本法规定行使海洋环境监督管理权的部门责令限期改正和采取补救措施,并处一万元以上十万元以下的罚款;有违法所得的,没收其违法所得。

第七十七条 违反本法第三十条第一款、第三款规定设置入海排污口的,由县级以上地方人民政府环境保护行政主管部门责令其关闭,并处二万元以上十万元以下的罚款。

海洋、海事、渔业行政主管部门和军队环境保护部门发现入海排污口设置违反本法第三十条第一款、第三款规定的,应当通报环境保护行政主管部门依照前款规定予以处罚。

第七十八条 违反本法第三十九条第二款的规定,经中华人民共和国管辖海域,转移危险废物的,由国家海事行政主管部门责令非法运输该危险废物的船舶退出中华人民共和国管辖海域,并处五万元以上五十万元以下的罚款。

第七十九条 海岸工程建设项目未依法进行环境影响评价的,依照《中华人民共和国环境影响评价法》的规定处理。

第八十条 违反本法第四十四条的规定,海岸工程建设项目未建成环境保护设施,或者环境保护设施未达到规定要求即投入生产、使用的,由环境保护行政主管部门责令其停止生产或者使用,并处二万元以上十万元以下的罚款。

第八十一条 违反本法第四十五条的规定,新建严重污染海洋环境的工业生产建设项目的,按照管理权限,由县级以上人民政府责令关闭。

第八十二条 违反本法第四十七条第一款的规定,进行海洋工程建设项目的,由海洋行政主管部门责令其停止施工,根据违法情节和危害后果,处建设项目总投资额百分之一以上百分之五以下的罚款,并可以责令恢复原状。

违反本法第四十八条的规定,海洋工程建设项目未建成环境保护设施、环境保护设施未达到规定要求即投入生产、使用的,由海洋行政主管部门责令其停止生产、使用,并处五万元以上二十万元以下的罚款。

第八十三条 违反本法第四十九条的规定,使用含超标准放射性物质或者易溶出有毒有害物质材料的,由海洋行政主管部门处五万元以下的罚款,并责令其停止该建设项目的运行,直到消除污染危害。

第八十四条 违反本法规定进行海洋石油勘探开发活动,造成海洋环境污染的,由国家海洋行政主管部门予以警告,并处二万元以上二十万元以下的罚款。

第八十五条 违反本法规定,不按照许可证的规定倾倒,或者向已经封闭的倾倒区倾倒废弃物的,由海洋行政主管部门予以警告,并处三万元以上二十万元以下的罚款;对情节严重的,可以暂扣或者吊销许可证。

第八十六条 违反本法第五十五条第三款的规定,将中华人民共和国境外废弃物运进中华人民共和国管辖海域倾倒的,由国家海洋行政主管部门予以警告,并根据造成或者可能造成的危害后果,处十万元以上一百万元以下的罚款。

第八十七条 违反本法规定,有下列行为之一的,由依照本法规定行使海洋环境监督管理权的部门予以警告,或者处以罚款:

(一)港口、码头、装卸站及船舶未配备防污设施、器材的;

(二)船舶未持有防污证书、防污文书,或者不按照规定记载排污记录的;

（三）从事水上和港区水域拆船、旧船改装、打捞和其他水上、水下施工作业，造成海洋环境污染损害的；

（四）船舶载运的货物不具备防污适运条件的。

有前款第（一）、（四）项行为之一的，处二万元以上十万元以下的罚款；有前款第（二）项行为的，处二万元以下的罚款；有前款第（三）项行为的，处五万元以上二十万元以下的罚款。

第八十八条 违反本法规定，船舶、石油平台和装卸油类的港口、码头、装卸站不编制溢油应急计划的，由依照本法规定行使海洋环境监督管理权的部门予以警告，或者责令限期改正。

第八十九条 造成海洋环境污染损害的责任者，应当排除危害，并赔偿损失；完全由于第三者的故意或者过失，造成海洋环境污染损害的，由第三者排除危害，并承担赔偿责任。

对破坏海洋生态、海洋水产资源、海洋保护区，给国家造成重大损失的，由依照本法规定行使海洋环境监督管理权的部门代表国家对责任者提出损害赔偿要求。

第九十条 对违反本法规定，造成海洋环境污染事故的单位，除依法承担赔偿责任外，由依照本法规定行使海洋环境监督管理权的部门依照本条第二款的规定处以罚款；对直接负责的主管人员和其他直接责任人员可以处上一年度从本单位取得收入百分之五十以下的罚款；直接负责的主管人员和其他直接责任人员属于国家工作人员的，依法给予处分。

对造成一般或者较大海洋环境污染事故的，按照直接损失的百分之二十计算罚款；对造成重大或者特大海洋环境污染事故的，按照直接损失的百分之三十计算罚款。

对严重污染海洋环境、破坏海洋生态，构成犯罪的，依法追究刑事责任。

第九十一条 完全属于下列情形之一,经过及时采取合理措施,仍然不能避免对海洋环境造成污染损害的,造成污染损害的有关责任者免予承担责任:

(一) 战争;

(二) 不可抗拒的自然灾害;

(三) 负责灯塔或者其他助航设备的主管部门,在执行职责时的疏忽,或者其他过失行为。

第九十二条 对违反本法第十二条有关缴纳排污费、倾倒费规定的行政处罚,由国务院规定。

第九十三条 海洋环境监督管理人员滥用职权、玩忽职守、徇私舞弊,造成海洋环境污染损害的,依法给予行政处分;构成犯罪的,依法追究刑事责任。

第十章 附 则

第九十四条 本法中下列用语的含义是:

(一) 海洋环境污染损害,是指直接或者间接地把物质或者能量引入海洋环境,产生损害海洋生物资源、危害人体健康、妨害渔业和海上其他合法活动、损害海水使用素质和减损环境质量等有害影响。

(二) 内水,是指我国领海基线向内陆一侧的所有海域。

(三) 滨海湿地,是指低潮时水深浅于六米的水域及其沿岸浸湿地带,包括水深不超过六米的永久性水域、潮间带(或洪泛地带)和沿海低地等。

(四) 海洋功能区划,是指依据海洋自然属性和社会属性,以及自然资源和环境特定条件,界定海洋利用的主导功能和使用范畴。

(五)渔业水域,是指鱼虾类的产卵场、索饵场、越冬场、洄游通道和鱼虾贝藻类的养殖场。

(六)油类,是指任何类型的油及其炼制品。

(七)油性混合物,是指任何含有油份的混合物。

(八)排放,是指把污染物排入海洋的行为,包括泵出、溢出、泄出、喷出和倒出。

(九)陆地污染源(简称陆源),是指从陆地向海域排放污染物,造成或者可能造成海洋环境污染的场所、设施等。

(十)陆源污染物,是指由陆地污染源排放的污染物。

(十一)倾倒,是指通过船舶、航空器、平台或者其他载运工具,向海洋处置废弃物和其他有害物质的行为,包括弃置船舶、航空器、平台及其辅助设施和其他浮动工具的行为。

(十二)沿海陆域,是指与海岸相连,或者通过管道、沟渠、设施,直接或者间接向海洋排放污染物及其相关活动的一带区域。

(十三)海上焚烧,是指以热摧毁为目的,在海上焚烧设施上,故意焚烧废弃物或者其他物质的行为,但船舶、平台或者其他人工构造物正常操作中,所附带发生的行为除外。

第九十五条 涉及海洋环境监督管理的有关部门的具体职权划分,本法未作规定的,由国务院规定。

第九十六条 中华人民共和国缔结或者参加的与海洋环境保护有关的国际条约与本法有不同规定的,适用国际条约的规定;但是,中华人民共和国声明保留的条款除外。

第九十七条 本法自2000年4月1日起施行。

附 录

中华人民共和国船舶污染海洋环境
应急防备和应急处置管理规定

中华人民共和国交通运输部令

2016 年第 84 号

《交通运输部关于修改〈中华人民共和国船舶污染海洋环境应急防备和应急处置管理规定〉的决定》已于 2016 年 12 月 8 日经第 29 次部务会议通过，现予公布。

交通运输部部长

2016 年 12 月 13 日

(2011 年 1 月 27 日交通运输部发布；根据 2013 年 12 月 24 日交通运输部《关于修改〈中华人民共和国船舶污染海洋环境应急防备和应急处置管理规定〉的决定》第一次修正；根据 2014 年 9 月 5 日交通运输部《关于修改〈中华人民共和国船舶污染海洋环境应急防备和应急处置管理规定〉的决定》第二次修正；根据

2015年5月12日交通运输部《关于修改〈中华人民共和国船舶污染海洋环境应急防备和应急处置管理规定〉的决定》第三次修正；根据2016年12月13日交通运输部《关于修改〈中华人民共和国船舶污染海洋环境应急防备和应急处置管理规定〉的决定》第四次修正)

第一章 总 则

第一条 为提高船舶污染事故应急处置能力，控制、减轻、消除船舶污染事故造成的海洋环境污染损害，依据《中华人民共和国防治船舶污染海洋环境管理条例》等有关法律、行政法规和中华人民共和国缔结或者加入的有关国际条约，制定本规定。

第二条 在中华人民共和国管辖海域内，防治船舶及其有关作业活动污染海洋环境的应急防备和应急处置，适用本规定。

船舶在中华人民共和国管辖海域外发生污染事故，造成或者可能造成中华人民共和国管辖海域污染的，其应急防备和应急处置，也适用本规定。

本规定所称"应急处置"是指在发生或者可能发生船舶污染事故时，为控制、减轻、消除船舶造成海洋环境污染损害而采取的响应行动；"应急防备"是指为应急处置的有效开展而预先采取的相关准备工作。

第三条 交通运输部主管全国防治船舶及其有关作业活动污染海洋环境的应急防备和应急处置工作。

国家海事管理机构负责统一实施船舶及其有关作业活动污染海洋环境应急防备和应急处置工作。

沿海各级海事管理机构依照各自职责负责具体实施防治船

舶及其有关作业活动污染海洋环境的应急防备和应急处置工作。

第四条 船舶及其有关作业活动污染海洋环境应急防备和应急处置工作应当遵循统一领导、综合协调、分级负责、属地管理、责任共担的原则。

第二章 应急能力建设和应急预案

第五条 国家防治船舶及其有关作业活动污染海洋环境应急能力建设规划，应当根据全国防治船舶及其有关作业活动污染海洋环境的需要，由国务院交通运输主管部门组织编制，报国务院批准后公布实施。

沿海省级防治船舶及其有关作业活动污染海洋环境应急能力建设规划，应当根据国家防治船舶及其有关作业活动污染海洋环境应急能力建设规划和本地实际情况，由沿海省、自治区、直辖市人民政府组织编制并公布实施。

沿海市级防治船舶及其有关作业活动污染海洋环境应急能力建设规划，应当根据所在地省级人民政府防治船舶及其有关作业活动污染海洋环境应急能力建设规划和本地实际情况，由沿海设区的市级人民政府组织编制并公布实施。

编制防治船舶及其有关作业活动污染海洋环境应急能力建设规划，应当对污染风险和应急防备需求进行评估，合理规划应急力量建设布局。

沿海各级海事管理机构应当积极协助、配合相关地方人民政府完成应急能力建设规划的编制工作。

第六条 交通运输部、沿海设区的市级以上地方人民政府应当根据相应的防治船舶及其有关作业活动污染海洋环境应急能力建设规划，建立健全船舶污染事故应急防备和应急反应机制，建立专业应急队伍，建设船舶污染应急专用设施、设备和器材储备库。

第七条　沿海各级海事管理机构应当根据防治船舶及其有关作业活动污染海洋环境的需要，会同海洋主管部门建立健全船舶及其有关作业活动污染海洋环境的监测、监视机制，加强对船舶及其有关作业活动污染海洋环境的监测、监视。

港口、码头、装卸站以及从事船舶修造的单位应当配备与其装卸货物种类和吞吐能力或者修造船舶能力相适应的污染监视设施和污染物接收设施，并使其处于良好状态。

第八条　港口、码头、装卸站以及从事船舶修造、打捞、拆解等作业活动的单位应当按照交通运输部的要求制定有关安全营运和防治污染的管理制度，按照国家有关防治船舶及其有关作业活动污染海洋环境的规范和标准，配备必须的防治污染设备和器材，确保防治污染设备和器材符合防治船舶及其有关作业活动污染海洋环境的要求。

第九条　港口、码头、装卸站以及从事船舶修造、打捞、拆解等作业活动的单位应当编写报告，评价其具备的船舶污染防治能力是否与其装卸货物种类、吞吐能力或者船舶修造、打捞、拆解活动所必需的污染监视监测能力、船舶污染物接收处理能力以及船舶污染事故应急处置能力相适应。

交通运输主管部门依法开展港口、码头、装卸站的验收工作时应当对评价报告进行审查，确认其具备与其所从事的作业相应的船舶污染防治能力。

第十条　交通运输部应当根据国家突发公共事件总体应急预案，制定国家防治船舶及其有关作业活动污染海洋环境的专项应急预案。

沿海省、自治区、直辖市人民政府应当根据国家防治船舶及其有关作业活动污染海洋环境的专项应急预案，制定省级防治船舶及其有关作业活动污染海洋环境应急预案。

沿海设区的市级人民政府应当根据所在地省级防治船舶及其有关作业活动污染海洋环境的应急预案，制定市级防治船舶及其有关作业活动污染海洋环境应急预案。

交通运输部、沿海设区的市级以上地方人民政府应当定期组织防治船舶及其有关作业活动污染海洋环境应急预案的演练。

第十一条　中国籍船舶所有人、经营人、管理人应当按照国家海事管理机构制定的应急预案编制指南，制定或者修订防治船舶及其有关作业活动污染海洋环境的应急预案，并报海事管理机构批准。

港口、码头、装卸站的经营人以及有关作业单位应当制定防治船舶及其有关作业活动污染海洋环境的应急预案，并报海事管理机构和环境保护主管部门备案。

船舶以及有关作业单位应当按照制定的应急预案定期组织应急演练，根据演练情况对应急预案进行评估，按照实际需要和情势变化，适时修订应急预案，并对应急预案的演练情况、评估结果和修订情况如实记录。

第十二条　中国籍船舶防治污染设施、设备和器材应当符合国家有关标准，并按照国家有关要求通过型式和使用性能检验。

第三章　船舶污染清除单位

第十三条　船舶污染清除单位是指具备相应污染清除能力，为船舶提供污染事故应急防备和应急处置服务的单位。

根据服务区域和污染清除能力的不同，船舶污染清除单位的能力等级由高到低分为四级，其中：

（一）一级单位能够在我国管辖海域为船舶提供溢油和其它散装液体污染危害性货物泄漏污染事故应急服务；

（二）二级单位能够在距岸 20 海里以内的我国管辖海域为船舶提供溢油和其它散装液体污染危害性货物泄漏污染事故应急服务；

（三）三级单位能够在港区水域为船舶提供溢油应急服务；

（四）四级单位能够在港区水域内的一个作业区、独立码头附近水域为船舶提供溢油应急服务。

第十四条　从事船舶污染清除的单位应当具备以下条件，并接受海事管理机构的监督检查：

（一）应急清污能力符合《船舶污染清除单位应急清污能力要求》的规定；

（二）制定的污染清除作业方案符合防治船舶及其有关作业活动污染海洋环境的要求；

（三）污染物处理方案符合国家有关防治污染规定。

第十五条　船舶污染清除单位应当将下列情况向社会公布，并报送服务区域所在地的海事管理机构：

（一）本单位的污染清除能力符合《船舶污染清除单位应急清污能力要求》相应能力等级和服务区域的报告；

（二）污染清除作业方案；

（三）污染物处理方案；

（四）船舶污染清除设施、设备、器材和应急人员情况；

（五）船舶污染清除协议的签订和履行情况以及参与船舶污染事故应急处置工作情况。

船舶污染清除单位的污染清除能力和服务区域发生变更的，

应当及时将变更情况向社会公布，并报送服务区域所在地的海事管理机构。

第四章　船舶污染清除协议的签订

第十六条　载运散装油类货物的船舶，其经营人应当在船舶进港前或者港外装卸、过驳作业前，按照以下要求与相应的船舶污染清除单位签订船舶污染清除协议：

（一）600 总吨以下仅在港区水域航行或作业的船舶，应当与四级以上等级的船舶污染清除单位签订船舶污染清除协议；

（二）600 总吨以上 2000 总吨以下仅在港区水域航行或作业的船舶，应当与三级以上等级的船舶污染清除单位签订船舶污染清除协议；

（三）2000 总吨以上仅在港区水域航行或作业的船舶以及所有进出港口和从事过驳作业的船舶应当与二级以上等级的船舶污染清除单位签订船舶污染清除协议。

第十七条　载运油类之外的其他散装液体污染危害性货物的船舶，其经营人应当在船舶进港前或者港外装卸、过驳作业前，按照以下要求与相应的船舶污染清除单位签订船舶污染清除协议：

（一）进出港口的船舶以及在距岸 20 海里之内的我国管辖水域从事过驳作业的船舶应当与二级以上等级的船舶污染清除单位签订船舶污染清除协议；

（二）在距岸 20 海里以外的我国管辖水域从事过驳作业的载运其他散装液体污染危害性货物的船舶应当与一级船舶污染清除单位签订船舶污染清除协议。

第十八条　1 万总吨以上的载运非散装液体污染危害性货物

的船舶，其经营人应当在船舶进港前或者港外装卸、过驳作业前，按照以下要求与相应的船舶污染清除单位签订船舶污染清除协议：

（一）进出港口的2万总吨以下的船舶应当与四级以上等级的船舶污染清除单位签订船舶污染清除协议；

（二）进出港口的2万总吨以上3万总吨以下的船舶应当与三级以上等级的船舶污染清除单位签订船舶污染清除协议；

（三）进出港口的3万总吨以上的船舶以及在我国管辖水域从事过驳作业的船舶应当与二级以上等级的船舶污染清除单位签订船舶污染清除协议。

第十九条 与一级、二级船舶污染清除单位签订污染清除协议的船舶划分标准由国家海事管理机构确定。

第二十条 国家海事管理机构应当制定并公布船舶污染清除协议样本，明确协议双方的权利和义务。

船舶和污染清除单位应当按照国家海事管理机构公布的协议样本签订船舶污染清除协议。

第二十一条 船舶应当将所签订的船舶污染清除协议留船备查，并在办理船舶进出港口手续或者作业申请时向海事管理机构出示。

船舶发现船舶污染清除单位存在违反本规定的行为，或者未履行船舶污染清除协议的，应当向船舶污染清除单位所在地的直属海事管理机构报告。

第五章 应急处置

第二十二条 船舶发生污染事故或者可能造成海洋环境污染的，船舶及有关作业单位应当立即启动相应的应急预案，按照有关规定的要求就近向海事管理机构报告,通知签订船舶污染清除协议的船舶污染清除单位,并根据应急预案采取污染控制和清除措施。

船舶在终止清污行动前应当向海事管理机构报告,经海事管理机构同意后方可停止应急处置措施。

第二十三条 船舶污染清除单位接到船舶污染事故通知后,应当根据船舶污染清除协议及时开展污染控制和清除作业,并及时向海事管理机构报告污染控制和清除工作的进展情况。

第二十四条 接到船舶造成或者可能造成海洋环境污染的报告后,海事管理机构应当立即核实有关情况,并加强监测、监视。

发生船舶污染事故的,海事管理机构应当立即组织对船舶污染事故的等级进行评估,并按照应急预案的要求进行报告和通报。

第二十五条 发生船舶污染事故后,应当根据《中华人民共和国防治船舶污染海洋环境管理条例》的规定,成立事故应急指挥机构。事故应急指挥机构应当根据船舶污染事故的等级和特点,启动相应的应急预案,有关部门、单位应当在事故应急指挥机构的统一组织和指挥下,按照应急预案的分工,开展相应的应急处置工作。

第二十六条 发生船舶污染事故或者船舶沉没,可能造成中华人民共和国管辖海域污染的,有关沿海设区的市级以上地方人民政府、海事管理机构根据应急处置的需要,可以征用有关单位和个人的船舶、防治污染设施、设备、器材以及其他物资。有关单位和个人应当予以配合。

有关单位和个人所提供的船舶和防治污染设施、设备、器材应当处于良好可用状态,有关物资质量符合国家有关技术标准、规范的要求。

被征用的船舶和防治污染设施、设备、器材以及其他物资使用完毕或者应急处置工作结束,应当及时返还。船舶和防治污染设施、设备、器材以及其他物资被征用或者征用后毁损、灭失的,应当给予补偿。

第二十七条 发生船舶污染事故,海事管理机构可以组织并采取海上交通管制、清除、打捞、拖航、引航、护航、过驳、水下抽油、爆破等必要措施。采取上述措施的相关费用由造成海洋环境污染的船舶、有关作业单位承担。

需要承担前款规定费用的船舶,应当在开航前缴清有关费用或者提供相应的财务担保。

本条规定的财务担保应当由境内银行或者境内保险机构出具。

第二十八条 船舶发生事故有沉没危险时,船员离船前,应当按照规定采取防止溢油措施,尽可能关闭所有货舱(柜)、油舱(柜)管系的阀门,堵塞货舱(柜)、油舱(柜)通气孔。

船舶沉没的,其所有人、经营人或者管理人应当及时向海事管理机构报告船舶燃油、污染危害性货物以及其他污染物的性质、数量、种类及装载位置等情况,采取或者委托有能力的单位采取污染监视和控制措施,并在必要的时候采取抽出、打捞等措施。

第二十九条 船舶应当在污染事故清除作业结束后,对污染清除行动进行评估,并将评估报告报送当地直属海事管理机构,评估报告至少应当包括下列内容:

(一)事故概况和应急处置情况;

(二) 设施、设备、器材以及人员的使用情况；

(三) 回收污染物的种类、数量以及处置情况；

(四) 污染损害情况；

(五) 船舶污染应急预案存在的问题和修改情况。

事故应急指挥机构应当在污染事故清除作业结束后，组织对污染清除作业的总体效果和污染损害情况进行评估，并根据评估结果和实际需要修订相应的应急预案。

第六章 法律责任

第三十条 海事管理机构应当建立、健全防治船舶污染应急防备和处置的监督检查制度，对船舶以及有关作业单位的防治船舶污染能力以及污染清除作业实施监督检查，并对监督检查情况予以记录。

海事管理机构实施监督检查时，有关单位和个人应当予以协助和配合，不得拒绝、妨碍或者阻挠。

第三十一条 海事管理机构发现船舶及其有关作业单位和个人存在违反本规定行为的，应当责令改正；拒不改正的，海事管理机构可以责令停止作业、强制卸载，禁止船舶进出港口、靠泊、过境停留，或者责令停航、改航、离境、驶向指定地点。

第三十二条 违反本规定，船舶未制定防治船舶及其有关作业活动污染海洋环境应急预案，或者应急预案未报海事管理机构批准的，由海事管理机构处 2 万元以下的罚款；港口、码头、装卸站的经营人未制定防治船舶及其有关作业活动污染海洋环境应急预案的，由海事管理机构予以警告，或者责令限期改正。

第三十三条 违反本规定，船舶和有关作业单位未配备防污设施、设备、器材的，或者配备的防污设施、设备、器材不符合国家有关规定和标准的,由海事管理机构予以警告,或者处 2 万元以上 10 万元以下的罚款。

第三十四条 违反本规定,有下列情形之一的,由海事管理机构处 1 万元以上 5 万元以下的罚款:

(一) 载运散装液体污染危害性货物的船舶和 1 万总吨以上的其他船舶,其经营人未按照规定签订污染清除作业协议的;

(二) 污染清除作业单位不符合国家有关技术规范从事污染清除作业的。

第三十五条 违反本规定,有下列情形之一的,由海事管理机构处 2 万元以上 10 万元以下的罚款:

(一) 船舶沉没后,其所有人、经营人未及时向海事管理机构报告船舶燃油、污染危害性货物以及其他污染物的性质、数量、种类及装载位置等情况的;

(二) 船舶沉没后,其所有人、经营人未及时采取措施清除船舶燃油、污染危害性货物以及其他污染物的。

第三十六条 违反本规定,发生船舶污染事故,船舶、有关作业单位迟报、漏报事故的,对船舶、有关作业单位,由海事管理机构处 5 万元以上 25 万元以下的罚款;对直接负责的主管人员和其他直接责任人员,由海事管理机构处 1 万元以上 5 万元以下的罚款;直接负责的主管人员和其他直接责任人员属于船员的,给予暂扣适任证书或者其他有关证件 3 个月至 6 个月的处罚。瞒报、谎报事故的,对船舶、有关作业单位,由海事管理机构处 25 万元以上 50 万元以下的罚款;对直接负责的主管人员和其他直接责任人员,由海事管理机构处 5 万元以上 10 万元以下的罚款;直接负责的主管人员和其他直接责任人员属于船员的,并处给予吊销适任证书或者其他有关证件的处罚。

第三十七条 违反本规定,发生船舶污染事故,船舶、有关作业单位未立即启动应急预案的,对船舶、有关作业单位,由海事管理机构处2万元以上10万元以下的罚款;对直接负责的主管人员和其他直接责任人员,由海事管理机构处1万元以上2万元以下的罚款;直接负责的主管人员和其他直接责任人员属于船员的,并处给予暂扣适任证书或者其他适任证件1个月至3个月的处罚。

第七章 附 则

第三十八条 本规定所称"以上""以内"包括本数,"以下""以外"不包括本数。

第三十九条 本规定自2011年6月1日起施行。

中华人民共和国船舶及其有关作业活动污染海洋环境防治管理规定

中华人民共和国交通运输部令

2017 年 第 15 号

《交通运输部关于修改〈中华人民共和国船舶及其有关作业活动污染海洋环境防治管理规定〉的决定》已于 2017 年 5 月 17 日经第 8 次部务会议通过，现予公布。

交通运输部部长
2017 年 5 月 23 日

（2010 年 11 月 16 日交通运输部发布；根据 2013 年 8 月 31 日交通运输部《关于修改〈中华人民共和国船舶及其有关作业活动污染海洋环境防治管理规定〉的决定》第一次修正；根据 2013 年 12 月 24 日交通运输部《关于修改〈中华人民共和国船舶及其有关作业活动污染海洋环境防治管理规定〉的决定》第二次修正；根据 2016 年 12 月 13 日交通运输部《关于修改〈中华人民共和国船舶及其有关作业活动污染海洋环境防治管理规定〉的决定》第三次修正；根据 2017 年 5 月 23 日交通运输部《关于修改〈中华人民共和国船舶及其有关作业活动污染海洋环境防治管理规定〉的决定》第四次修正）

第一章 总 则

第一条 为了防治船舶及其有关作业活动污染海洋环境，根据《中华人民共和国海洋环境保护法》、《中华人民共和国大气污染防治法》、《中华人民共和国防治船舶污染海洋环境管理条例》和中华人民共和国缔结或者加入的国际条约，制定本规定。

第二条 防治船舶及其有关作业活动污染中华人民共和国管辖海域适用本规定。

本规定所称有关作业活动，是指船舶装卸、过驳、清舱、洗舱、油料供受、修造、打捞、拆解、污染危害性货物装箱、充罐、污染清除以及其他水上水下船舶施工作业等活动。

第三条 国务院交通运输主管部门主管全国船舶及其有关作业活动污染海洋环境的防治工作。

国家海事管理机构负责监督管理全国船舶及其有关作业活动污染海洋环境的防治工作。

各级海事管理机构根据职责权限，具体负责监督管理本辖区船舶及其有关作业活动污染海洋环境的防治工作。

第二章 一般规定

第四条 船舶的结构、设备、器材应当符合国家有关防治船舶污染海洋环境的船舶检验规范以及中华人民共和国缔结或者加入的国际条约的要求，并按照国家规定取得相应的合格证书。

第五条 船舶应当依照法律、行政法规、国务院交通运输主管部门的规定以及中华人民共和国缔结或者加入的国际条约的要求,取得并随船携带相应的防治船舶污染海洋环境的证书、文书。

海事管理机构应当向社会公布本条第一款规定的证书、文书目录,并及时更新。

第六条 中国籍船舶持有的防治船舶污染海洋环境的证书、文书由国家海事管理机构或者其认可的机构签发;外国籍船舶持有的防治船舶污染海洋环境的证书、文书应当符合中华人民共和国缔结或者加入的国际条约的要求。

第七条 船员应当具有相应的防治船舶污染海洋环境的专业知识和技能,并按照有关法律、行政法规、规章的规定参加相应的培训、考试,持有有效的适任证书或者相应的培训合格证明。

从事有关作业活动的单位应当组织本单位作业人员进行操作技能、设备使用、作业程序、安全防护和应急反应等专业培训,确保作业人员具备相关安全和防治污染的专业知识和技能。

第八条 港口、码头、装卸站和从事船舶修造作业的单位应当按照国家有关标准配备相应的污染监视设施和污染物接收设施。

港口、码头、装卸站以及从事船舶修造、打捞、拆解等有关作业活动的其他单位应当按照国家有关标准配备相应的防治污染设备和器材。

第九条 船舶从事下列作业活动,应当遵守有关法律法规、标准和相关操作规程,落实安全和防治污染措施,并在作业前将作业种类、作业时间、作业地点、作业单位和船舶名称等信息向海事管理机构报告;作业信息变更的,应当及时补报:

(一)在沿海港口进行舷外拷铲、油漆作业或者使用焚烧炉的;

（二）在港区水域内洗舱、清舱、驱气以及排放垃圾、生活污水、残油、含油污水、含有毒有害物质污水等污染物和压载水的；

（三）冲洗沾有污染物、有毒有害物质的甲板的；

（四）进行船舶水上拆解、打捞、修造和其他水上、水下船舶施工作业的；

（五）进行船舶油料供受作业的。

第十条 从事3万载重吨以上油轮的货舱清舱、1万吨以上散装液体污染危害性货物过驳以及沉船打捞、油轮拆解等存在较大污染风险的作业活动的，作业方应当进行作业方案可行性研究，并在作业活动中接受海事管理机构的检查。

第十一条 任何单位和个人发现船舶及其有关作业活动造成或者可能造成海洋环境污染的，应当立即就近向海事管理机构报告。

第三章 船舶污染物的排放与接收

第十二条 在中华人民共和国管辖海域航行、停泊、作业的船舶排放船舶垃圾、生活污水、含油污水、含有毒有害物质污水、废气等污染物以及压载水，应当符合法律、行政法规、有关标准以及中华人民共和国缔结或者加入的国际条约的规定。

船舶在船舶排放控制区内航行、停泊、作业还应当遵守船舶排放控制区大气污染防治控制要求。船舶应当使用低硫燃油或者采取使用岸电、清洁能源、尾气后处理装置等替代措施满足船舶大气排放控制要求。

第十三条 船舶不得向依法划定的海洋自然保护区、海洋特别保护区、海滨风景名胜区、重要渔业水域以及其他需要特别保护的海域排放污染物。

依法设立本条第一款规定的需要特别保护的海域的,应当在适当的区域配套设置船舶污染物接收设施和应急设备器材。

第十四条 船舶应当将不符合第十二条规定排放要求以及依法禁止向海域排放的污染物,排入具备相应接收能力的港口接收设施或者委托具备相应接收能力的船舶污染物接收单位接收。

船舶委托船舶污染物接收单位进行污染物接收作业的,其船舶经营人应当在作业前明确指定所委托的船舶污染物接收单位。

第十五条 船舶污染物接收单位进行船舶垃圾、残油、含油污水、含有毒有害物质污水等污染物接收作业,应当在作业前将作业时间、作业地点、作业单位、作业船舶、污染物种类和数量以及拟处置的方式及去向等情况向海事管理机构报告。接收处理情况发生变更的,应当及时补报。

港口建立船舶污染物接收、转运、处置监管联单制度的,船舶与船舶污染物接收单位应当按照联单制度的要求将船舶污染物接收、转运和处置情况报告有关主管部门。

第十六条 船舶污染物接收作业单位应当落实安全与防污染管理制度。进行污染物接收作业的,应当编制作业方案,遵守国家有关标准、规程,并采取有效的防污染措施,防止污染物溢漏。

第十七条 船舶污染物接收单位应当在污染物接收作业完毕后,向船舶出具污染物接收单证,经双方签字确认并留存至少2年。污染物接收单证上应当注明作业单位名称,作业双方船名,作业开始和结束的时间、地点,以及污染物种类、数量等内容。

船舶应当将污染物接收单证保存在相应的记录簿中。

第十八条　船舶进行涉及污染物处置的作业，应当在相应的记录簿内规范填写、如实记录，真实反映船舶运行过程中产生的污染物数量、处置过程和去向。按照法律、行政法规、国务院交通运输主管部门的规定以及中华人民共

和国缔结或者加入的国际条约的要求，不需要配备记录簿的，应当将有关情况在作业当日的航海日志或者轮机日志中如实记载。

船舶应当将使用完毕的船舶垃圾记录簿在船舶上保留2年；将使用完毕的含油污水、含有毒有害物质污水记录簿在船舶上保留3年。

第十九条　船舶污染物接收单位应当将接收的污染物交由具有国家规定资质的污染物处理单位进行处理，并每月将船舶污染物的接收和处理情况报海事管理机构备案。

第二十条　接收处理含有有毒有害物质或者其他危险成分的船舶污染物的，应当符合国家有关危险废物的管理规定。来自疫区船舶产生的污染物，应当经有关检疫部门检疫处理后方可进行接收和处理。

第二十一条　船舶应当配备有盖、不渗漏、不外溢的垃圾储存容器，或者对垃圾实行袋装。

船舶应当对垃圾进行分类收集和存放，对含有有毒有害物质或者其他危险成分的垃圾应当单独存放。

船舶将含有有毒有害物质或者其他危险成分的垃圾排入港口接收设施或者委托船舶污染物接收单位接收的，应当向对方说明此类垃圾所含物质的名称、性质和数量等情况。

第二十二条　船舶应当按照国家有关规定以及中华人民共

和国缔结或者加入的国际条约的要求,设置与生活污水产生量相适应的处理装置或者储存容器。

第四章 船舶载运污染危害性货物及其有关作业

第二十三条 本规定所称污染危害性货物,是指直接或者间接进入水体,会损害水体质量和环境质量,从而产生损害生物资源、危害人体健康等有害影响的货物。

国家海事管理机构应当向社会公布污染危害性货物的名录,并根据需要及时更新。

第二十四条 船舶载运污染危害性货物进出港口,承运人或者代理人应当在进出港24小时前(航程不足24小时的,在驶离上一港口时)向海事管理机构办理船舶适载申报手续;货物所有人或者代理人应当在船舶适载申报之前向海事管理机构办理货物适运申报手续。

货物适运申报和船舶适载申报经海事管理机构审核同意后,船舶方可进出港口或者过境停留。

第二十五条 交付运输的污染危害性货物的特性、包装以及针对货物采取的风险防范和应急措施等应当符合国家有关标准、规定以及中华人民共和国缔结或者加入的国际条约的要求;需要经国家有关主管部门依法批准后方可载运的,还需要取得有关主管部门的批准。

船舶适载的条件按照《中华人民共和国海事行政许可条件规定》关于船舶载运危险货物的适载条件执行。

第二十六条 货物所有人或者代理人办理货物适运申报手续的,应当向海事管理机构提交下列材料:

(一)货物适运申报单,包括货物所有人或者代理人有关情况以及货物名称、种类、特性等基本信息。

（二）由代理人办理货物适运申报手续的，应当提供货物所有人出具的有效授权证明。

（三）相应的污染危害性货物安全技术说明书、安全作业注意事项、防范和应急措施等有关材料。

（四）需要经国家有关主管部门依法批准后方可载运的污染危害性货物，应当持有有效的批准文件。

（五）交付运输下列污染危害性货物的，还应当提交下列材料：

1. 载运包装污染危害性货物的，应当提供包装和中型散装容器检验合格证明或者压力容器检验合格证明；

2. 使用可移动罐柜装载污染危害性货物的，应当提供罐柜检验合格证明；

3. 载运放射性污染危害性货物的，应当提交放射性剂量证明；

4. 货物中添加抑止剂或者稳定剂的，应当提交抑止剂或者稳定剂的名称、数量、温度、有效期以及超过有效期时应当采取的措施；

5. 载运限量污染危害性货物的，应当提交限量危险货物证明；

6. 载运污染危害性不明货物的，应当提交符合第三十条规定的污染危害性评估报告。

第二十七条 承运人或者代理人办理船舶适载申报手续的，应当向海事管理机构提交下列材料：

（一）船舶载运污染危害性货物申报单，包括承运人或者代理人有关情况以及货物名称、种类、特性等基本信息；

（二）海事管理机构批准的货物适运证明；

（三）由代理人办理船舶适载申报手续的，应当提供承运人出具的有效授权证明；

（四）防止油污证书、船舶适载证书、船舶油污损害民事责任保险或者其他财务保证证书；

（五）载运污染危害性货物的船舶在运输途中发生过意外情况的，还应当在船舶载运污染危害性货物申报单内扼要说明所发生意外情况的原因、已采取的控制措施和目前状况等有关情况，并于抵港后送交详细报告；

（六）列明实际装载情况的清单、舱单或者积载图；

（七）拟进行装卸作业的港口、码头、装卸站。

定船舶、定航线、定货种的船舶可以办理不超过 1 个月期限的船舶定期适载申报手续。办理船舶定期适载申报手续的，除应当提交本条第一款规定的材料外，还应当提交能够证明固定船舶在固定航线上运输固定污染危害性货物的有关材料。

第二十八条　海事管理机构收到货物适运申报、船舶适载申报后，应当根据第二十五条规定的条件在 24 小时内作出批准或者不批准的决定；办理船舶定期适载申报的，应当在 7 日内作出批准或者不批准的决定。

第二十九条　货物所有人或者代理人交付船舶载运污染危害性货物，应当采取有效的防治污染措施，确保货物的包装与标志的规格、比例、色度、持久性等符合国家有关安全与防治污染的要求，并在运输单证上如实注明该货物的技术名称、数量、类别、性质、预防和应急措施等内容。

第三十条　货物所有人或者代理人交付船舶载运污染危害性不明的货物，应当委托具备相应资质的技术机构对货物的污染危害性质和船舶载运技术条件进行评估。

第三十一条 曾经载运污染危害性货物的空容器和运输组件,应当彻底清洗并消除危害,取得由具有国家规定资质的检测机构出具的清洁证明后,方可按照普通货物交付船舶运输。在未彻底清洗并消除危害之前,应当按照原所装货物的要求进行运输。

第三十二条 海事管理机构认为交付船舶载运的货物应当按照污染危害性货物申报而未申报的,或者申报的内容不符合实际情况的,经海事管理机构负责人批准,可以采取开箱等方式查验。

海事管理机构在实施开箱查验时,货物所有人或者代理人应当到场,并负责搬移货物,开拆和重封货物的包装。海事管理机构认为必要时,可以径行开验、复验或者提取货样。有关单位和个人应当配合。

第三十三条 船舶不符合污染危害性货物适载要求的,不得载运污染危害性货物,码头、装卸站不得为其进行装卸作业。

发现船舶及其有关作业活动可能对海洋环境造成污染危害的,码头、装卸站、船舶应当立即采取相应的应急措施,并向海事管理机构报告。

第三十四条 从事污染危害性货物装卸作业的码头、装卸站,应当符合安全装卸和污染物处理的相关标准,并向海事管理机构提交安全装卸和污染物处理能力情况的有关材料。海事管理机构应当将具有相应安全装卸和污染物处理能力的码头、装卸站向社会公布。

载运污染危害性货物的船舶应当在海事管理机构公布的具有相应安全装卸和污染物处理能力的码头、装卸站进行装卸作业。

第三十五条 船舶进行散装液体污染危害性货物过驳作业的,应当符合国家海上交通安全和防治船舶污染海洋环境的管理规定和技术规范,选择缓流、避风、水深、底质等条件较好的水域,远离人口密集区、船舶通航密集区、航道、重要的民用目标或者设施、军用水域,制定安全和防治污染的措施和应急计划并保证有效实施。

第三十六条 进行散装液体污染危害性货物过驳作业的船舶,其承运人、货物所有人或者代理人应当向海事管理机构提交下列申请材料:

(一) 船舶作业申请书,内容包括作业船舶资料、联系人、联系方式、作业时间、作业地点、过驳种类和数量等基本情况;

(二) 船舶作业方案、拟采取的监护和防治污染措施;

(三) 船舶作业应急预案;

(四) 对船舶作业水域通航安全和污染风险的分析报告;

(五) 与具有相应能力的污染清除作业单位签订的污染清除作业协议。

海事管理机构应当自受理申请之日起2日内根据第三十五条规定的条件作出批准或者不予批准的决定。2日内无法作出决定的,经海事管理机构负责人批准,可以延长5日。

第三十七条 从事船舶油料供受作业的单位应当向海事管理机构备案,并提交下列备案材料:

(一) 工商营业执照。

(二) 安全与防治污染制度文件、应急预案、应急设备物资清单、输油软管耐压检测证明以及作业人员参加培训情况。

(三) 通过船舶进行油料供受作业的,还应当提交船舶相关证书、船上油污应急计划、作业船舶油污责任保险凭证以及船员适任证书。

（四）燃油质量承诺书；从事成品油供受作业的单位应当同时提交有关部门依法批准的成品油批发或者零售经营的证书。

第三十八条 进行船舶油料供受作业的，作业双方应当采取满足安全和防治污染要求的供受油作业管理措施，同时应当遵守下列规定：

（一）作业前，应当做到：

1. 检查管路、阀门，做好准备工作，堵好甲板排水孔，关好有关通海阀；

2. 检查油类作业的有关设备，使其处于良好状态；

3. 对可能发生溢漏的地方，设置集油容器；

4. 供受油双方以受方为主商定联系信号，双方均应切实执行。

（二）作业中，要有足够人员值班，当班人员要坚守岗位，严格执行操作规程，掌握作业进度，防止跑油、漏油。

（三）停止作业时，必须有效关闭有关阀门。

（四）收解输油软管时，必须事先用盲板将软管有效封闭，或者采取其他有效措施，防止软管存油倒流入海。

海事管理机构应当对船舶油料供受作业进行监督检查，发现不符合安全和防治污染要求的，应当予以制止。

第三十九条 船舶燃油供给单位应当如实填写燃油供受单证，并向船舶提供燃油供受单证和燃油样品。燃油供受单证应当包括受油船船名、船舶识别号或国际海事组织编号、作业时间、地点、燃油供应商的名称、地址和联系方式以及燃油种类、数量、密度和含硫量等内容。船舶和燃油供给单位应当将燃油供受单证保存3年，将燃油样品妥善保存1年。

燃油供给单位应当确保所供燃油的质量符合相关标准要求，并将所供燃油送交取得国家规定资质的燃油检测单位检测。燃油质量的检测报告应当留存在作业船舶上备查。

第四十条 船舶应当在出港前将上一航次消耗的燃料种类和数量，主机、辅机和锅炉功率以及运行工况时间等信息按照规定报告海事管理机构。

船舶按照船舶排放控制区要求转换低硫燃油或者采取使用岸电、清洁能源、尾气后处理装置等替代措施满足船舶大气排放控制要求的，应当按照规定如实记录。

第四十一条 船舶进行下列作业，且作业量超过300吨时，应当采取包括布设围油栏在内的防污染措施，其中过驳作业由过驳作业经营人负责：

（一）散装持久性油类的装卸和过驳作业，但船舶燃油供应作业除外；

（二）比重小于1（相对于水）、溶解度小于0.1%的散装有毒液体物质的装卸和过驳作业；

（三）其他可能造成水域严重污染的作业。

因自然条件等原因，不适合布设围油栏的，应当采取有效替代措施。

第四十二条 载运污染危害性货物的船舶进出港口和通过桥区、交通管制区、通航密集区以及航行条件受限制的区域，或者载运剧毒、爆炸、放射性货物的船舶进出港口，应当遵守海事管理机构的特别规定，并采取必要的安全和防治污染保障措施。

第四十三条 船舶载运散发有毒有害气体或者粉尘物质等

货物的,应当采取密闭或者其他防护措施。对有封闭作业要求的污染危害性货物,在运输和作业过程中应当采取措施回收有毒有害气体。

第五章 船舶拆解、打捞、修造和其他水上水下船舶施工作业

第四十四条 禁止采取冲滩方式进行船舶拆解作业。

第四十五条 进行船舶拆解、打捞、修造和其他水上水下船舶施工作业的,应当遵守相关操作规程,并采取必要的安全和防治污染措施。

第四十六条 在进行船舶拆解和船舶油舱修理作业前,作业单位应当将船舶上的残余物和废弃物进行有效处置,将燃油舱、货油舱中的存油驳出,进行洗舱、清舱、测爆等工作,并按照规定取得船舶污染物接收单证和有效的测爆证书。

船舶燃油舱、货油舱中的存油需要通过过驳方式交付储存的,应当遵守本规定关于散装液体污染危害性货物过驳作业的要求。

修造船厂应当建立防治船舶污染海洋环境管理制度,采取必要防护措施,防止船舶修造期间造成海洋环境污染。

第四十七条 在船坞内进行船舶修造作业的,修造船厂应当将坞内污染物清理完毕,确认不会造成水域污染后,方可沉起浮船坞或者开启坞门。

第四十八条 船舶拆解、打捞、修造或者其他水上水下船舶施工作业结束后,应当及时清除污染物,并将作业全过程产生的污染物的清除处理情况一并向海事管理机构报告,海事管理机构可以视情况进行现场核实。

第六章 法律责任

第四十九条 海事管理机构发现船舶、有关作业单位存在违反本规定行为的,应当责令改正;拒不改正的,海事管理机构可以责令停止作业、强制卸载,禁止船舶进出港口、靠泊、过境停留,或者责令停航、改航、离境、驶向指定地点。

第五十条 违反本规定,船舶的结构不符合国家有关防治船舶污染海洋环境的船舶检验规范或者有关国际条约要求的,由海事管理机构处10万元以上30万元以下的罚款。

第五十一条 违反本规定,船舶、港口、码头和装卸站未配备防治污染设施、设备、器材,有下列情形之一的,由海事管理机构予以警告,或者处2万元以上10万元以下的罚款:

(一)配备的防治污染设施、设备、器材数量不能满足法律、行政法规、规章、有关标准以及我国缔结或者参加的国际条约要求的;

(二)配备的防治污染设施、设备、器材技术性能不能满足法律、行政法规、规章、有关标准以及我国缔结或者参加的国际条约要求的。

第五十二条 违反本规定第九条、第四十条规定,船舶未按照规定将有关情况向海事管理机构报告的,由海事管理机构予以警告;情节严重的,处2万元以下的罚款。

第五十三条 违反本规定,船舶未持有防治船舶污染海洋环境的证书、文书的,由海事管理机构予以警告,或者处2万元以下的罚款。

第五十四条 违反本规定,船舶向海域排放本规定禁止排放的污染物的,由海事管理机构处3万元以上20万元以下的罚款。

第五十五条 违反本规定，船舶排放或者处置污染物，有下列情形之一的，由海事管理机构处 2 万元以上 10 万元以下的罚款：

（一）超过标准向海域排放污染物的；

（二）未按照规定在船上留存船舶污染物排放或者处置记录的；

（三）船舶污染物处置记录与船舶运行过程中产生的污染物数量不符合的。

第五十六条 违反本规定，船舶污染物接收单位进行船舶垃圾、残油、含油污水、含有毒有害物质污水等污染物接收作业，未编制作业方案、遵守相关操作规程、采取必要的防污染措施的，由海事管理机构处 1 万元以上 5 万元以下的罚款；造成海洋环境污染的，处 5 万元以上 25 万元以下的罚款。

第五十七条 违反本规定，船舶、船舶污染物接收单位接收处理污染物，有下列第（一）项情形的，由海事管理机构予以警告，或者处 2 万元以下的罚款；有下列第（二）项、第（三）项情形的，由海事管理机构处 2 万元以下的罚款：

（一）船舶未如实记录污染物处置情况的；

（二）船舶污染物接收单位未按照规定向海事管理机构报告船舶污染物接收情况，或者未按照规定向船舶出具污染物接收单证的；

（三）船舶污染物接收单位未按照规定将船舶污染物的接收和处理情况报海事管理机构备案的。

第五十八条 违反本规定，未经海事管理机构批准，船舶载运污染危害性货物进出港口、过境停留的，由海事管理机构对其承运人、货物所有人或者代理人处 1 万元以上 5 万元以下的罚款；未经海事管理机构批准，船舶进行散装液体污染危害性货物过驳作业的，由海事管理机构对船舶处1万元以上5万元以下的罚款。

第五十九条 违反本规定，有下列第（一）项情形的，由海事管理机构予以警告，或者处2万元以上10万元以下的罚款；有下列第（二）项、第（三）项、第（四）项情形的，由海事管理机构处2万元以上10万元以下的罚款：

（一）船舶载运的污染危害性货物不具备适运条件的；

（二）载运污染危害性货物的船舶不符合污染危害性货物适载要求的；

（三）载运污染危害性货物的船舶未在具有相应安全装卸和污染物处理能力的码头、装卸站进行装卸作业的；

（四）货物所有人或者代理人未按照规定对污染危害性不明的货物进行污染危害性评估的。

第六十条 违反本规定，有下列情形之一的，由海事管理机构处2000元以上1万元以下的罚款：

（一）船舶未按照规定保存污染物接收单证的；

（二）船舶油料供受单位未如实填写燃油供受单证的；

（三）船舶油料供受单位未按照规定向船舶提供燃油供受单证和燃油样品的；

（四）船舶和船舶油料供受单位未按照规定保存燃油供受单证和燃油样品的。

船舶油料供给单位未按照有关安全和防治污染规范要求从事供受油作业，或者所提供的船舶油料超标的，由海事管理机构要求整改，并通报有关主管部门。

第六十一条 违反本规定，进行船舶水上拆解、旧船改装、打捞和其他水上水下船舶施工作业,造成海洋环境污染损害的,由海事管理机构予以警告,或者处 5 万元以上 20 万元以下的罚款。

第七章 附 则

第六十二条 军事船舶以及国务院交通运输主管部门所辖港区水域外渔业船舶污染海洋环境的防治工作,不适用本规定。

第六十三条 本规定自 2011 年 2 月 1 日起施行。

中国海监海洋环境保护
执法工作实施办法

国家海洋局关于印发《中国海监海洋环境保护
执法工作实施办法》的通知
国海办字〔2010〕824号

沿海省（自治区、直辖市）海洋厅（局）、各分局、中国海监总队：

现将《中国海监海洋环境保护执法工作实施办法》印发给你们，请认真遵照执行。

二〇一〇年十二月二十二日

为规范海洋环境保护执法工作，进一步明确各级海监机构的区域管辖、层级管理和案件查处等问题，全面提升海洋环境保护执法工作效率和水平。依据《中华人民共和国海洋环境保护法》、《防治海洋工程建设项目污染损害海洋环境管理条例》、《海洋石油勘探开发环境保护管理条例》、《海洋倾废管理条例》、

《自然保护区条例》及相关政策规定，现就中国海监海洋环境保护执法工作提出以下办法：

一、区域管辖

中国海监各级机构开展海洋环境保护执法工作实行区域管辖制度，各级执法机构的区域管辖范围如下：

中国海监总队负责我国内水、领海、毗连区、专属经济区、大陆架及管辖的其他海域的海洋环境保护执法工作。

中国海监北海区总队负责辽宁省、河北省、天津市、山东省管辖海域的海洋环保执法工作，同时负责上述省（市）相邻专属经济区、大陆架等的海洋环保执法工作。

中国海监东海区总队负责江苏省、浙江省、上海市、福建省管辖海域的海洋环保执法工作，同时负责上述省（市）相邻专属经济区、大陆架等的海洋环保执法工作。

中国海监南海区总队负责广东省、广西区、海南省管辖海域的海洋环保执法工作，同时负责上述省（市）相邻专属经济区、大陆架等的海洋环保执法工作。

中国海监各海区总队所属的海区支队，按海区总队的分工，负责相关海域内的海洋环保执法工作。

各省、市、县级海监机构负责本辖区内的海洋环保执法工作。

中国海监各保护区海监机构负责本保护区内的海洋环保执法工作。

根据工作需要，上级海监机构可以指定下级海监机构开展特定海域的海洋环保执法工作。

二、层级管理

中国海监各级机构开展海洋环保执法工作实行层级管理制度。各级海监机构层级管理如下：

中国海监总队负责全国海洋环保执法工作的领导和监督检查，制定全国海洋环保执法工作的方针政策，组织重大的海洋环保执法行动，办理有必要由中国海监总队直接查处的案件。

中国海监各海区总队负责组织协调和监督指导本辖区内各级海监机构的海洋环保执法工作，组织开展本辖区内的重大海洋环保执法行动。负责本辖区内海洋油气勘探开发执法检查；负责由国家海洋行政主管部门核准环评的海洋工程的执法检查；负责由国家海洋行政主管部门批准的100万方以上的海洋倾废活动的执法检查；负责港、澳和涉外的海洋倾废活动的执法检查；对国家级海洋自然保护区和特别保护区的开发活动实施执法检查。有权查处各类海洋环境违法案件。

中国海监各海区总队所属支队根据海区总队的分工，负责本辖区内的海洋环保执法检查和案件查处工作，对省、市、县级海监机构的海洋环保执法工作进行监督。

省、市、县级海监机构负责本辖区的海洋环保执法工作，制定本辖区内海洋环保执法工作的规划和计划，组织本辖区内海洋环保执法检查和违法案件的查处工作。省级海监机构负责由本省海洋行政主管部门核准环评的海洋工程的执法检查；负责由本省海洋行政主管部门批准的100万方以下的海洋倾废活动的执法检查；与保护区海监机构共同负责国家级海洋自然保护区和特别保护区的执法检查；负责本辖区入海排污口的监督检查。查处除明确规定由海区总队管辖外的各类海洋环境违法案件。

地方级海洋自然保护区和特别保护区的海洋环保执法检查和案件查处工作由保护区海监机构和设立保护区的海洋行政主管部门所属的海监机构共同负责。

必要时，中国海监各级机构可以根据需要，按照效率和就近管理的原则，指定下级海监机构实施监督检查和案件查处工作。

三、检查内容

中国海监依法对海洋保护区、海洋工程、海洋倾废、海洋油气勘探开发、入海排污口等领域进行海洋环境保护监督检查。检查内容如下：

（一）海洋保护区（包括海洋自然保护区和海洋特别保护区）

1. 保护区内的各类开发活动是否经有权部门批准、审核。
2. 是否遵守《自然保护区条例》规定的相关内容。
3. 是否遵守《海洋环境保护法》及相关法律、法规规定的内容。

（二）海洋工程

1. 是否遵守环境影响评价制度及"三同时"制度。
2. 环保设施及污染物排放等是否符合相关管理规定和要求。
3. 污染防治措施及污染事故的预防和处理措施是否落实等。

（三）海洋倾废

1. 倾废船舶是否取得海洋废弃物倾倒许可证。

2. 废弃物装载后是否报主管部门核实以及是否按规定进行记录。

3. 船舶倾废是否到指定区域以及倾倒方式、条件等是否符合规定。

（四）海洋油气勘探开发

1. 是否遵守环境影响评价制度、"三同时"制度及项目竣工验收制度等。

2. 环保设施及防污染措施等是否符合相关规定和要求。

3. 法律、法规规定的有关报告制度是否执行。

4. 溢油应急管理相关规定及应急设备是否落实。

5. 平台、管道等弃置管理是否符合相关规定。

（五）入海排污口

1. 入海排污口的设置是否符合规定和要求。

2. 污染物的排放是否超标等。

3. 排污口排污对临近海洋环境是否造成破坏。

（六）海洋生态系统

是否对红树林、珊瑚礁、海湾、入海河口、滨海湿地等具有典型性、代表性的海洋生态系统造成破坏。

四、检查方式

各级海监机构开展海洋环保执法工作，可采取卫星遥感、航空巡视、船舶巡航和实地检查相结合的手段进行。必要时，应与所辖区域内的海洋监测机构相互配合，建立联合执法检查工作机制。根据不同领域海洋环保执法工作的特点和需要，海洋环保执法检查主要采取以下方式：

（一）定期执法检查

各级海监机构要建立定期执法检查制度，对于本辖区内各领域的环保执法工作，每年应开展不少于两次全面的执法检查，对特殊领域可联合海洋监测机构定期开展。并将执法检查工作的情况报上级海监机构，同时向下级海监机构通报。

（二）不定期执法检查

各级海监机构根据海洋工程、海洋倾废等施工运营的海洋环境保护要求及项目海域海洋环境质量状况变化，开展不定期的执法检查工作。不定期执法检查主要是配合海洋环保管理部门的工作要求，立足于纠正和改进本地区比较突出的海洋环境保护方面的问题。不定期执法检查应作为各级海监机构履行海洋环保执法职能的一种常规工作形式。

（三）专项执法检查

各级海监机构对于本辖区内比较严重的海洋环保事件和违法行为，可采取专项执法行动。开展专项执法行动必须有明确的执法检查任务，有效的组织机构，制定详细的专项执法检查方案并报上级海监机构备案。

（四）联合执法检查

各级海监机构在开展执法检查或其他执法行动时，可采取本辖区内各级海监机构联合执法的方式，也可以采取海监机构与其他部门联合执法的方式。联合执法检查行动可以采取统一组织、统一检查的形式进行，也可以采取统一组织、分区或分类检查的形式进行。对在联合执法检查行动中发现的违法行为，可以以组织该行动的海监机构的名义查处，也可以由有管辖权的海监机构查处。

（五）应急执法检查

对海上突发的环境污染事件，各级海监机构应在主管该事件的海监机构统一领导下启动应急执法工作。必要时，主管的海监机构可以越级直接指挥。

五、案件查处

各级海监机构的海洋环境违法案件查处工作，实行层级管理和"谁发现谁查处"相结合的原则。除已有明确规定外，实行"谁发现谁查处"的原则，即先发现违法行为的海监机构可以直接进行查处，也可以将案件移交给有管辖权的海监机构查处。直接进行查处的，要将查处结果通报有管辖权的海监机构。对法律明确规定专属管辖的违法案件，应移交有管辖权的海监机构进行查处。

各级海监机构查处的违法案件，可以采取以下管理方法：

（一）移交查处：下级海监机构如认为确有必要，可以把海洋环境违法案件报请上一级海监机构查处；上级海监机构认为确有必要，可以把海洋环境违法案件移交下级海监机构查处；各级海监机构发现的不属于中国海监管辖的违法行为，应移送给有管辖权的部门处理。

（二）指定查处：各级海监机构已立案的案件，立案的海监机构认为不宜由本级海监机构查处的，可以请求上级海监机构指定其他海监机构查处。上级海监机构认为不宜由立案海监机构查处的，可以指定其他海监机构查处。对跨辖区的海洋环境违法行为，出现管辖权争议时，应提请共同的上一级海监机构指定管辖。

（三）挂牌督办：对于造成恶劣或者重大社会影响的海洋环境违法行为，由中国海监总队实行挂牌督办。挂牌督办案件的办案机关由中国海监总队指定，办案机关必须按照中国海监总队规定的时限等要求执行。中国海监总队对挂牌督办案件实行全过程的跟踪、指导和监督，对工作不力的办案机关要按照相关规定追究责任。

（四）案件通报：各级海监机构应加强海洋环境违法案件的通报工作，每季度将案件查处情况向上级海监机构和同级海洋环保管理部门及相关部门书面通报，重大海洋环境违法案件的处理应及时通报。对执法中发现的重大问题和有关情况提请海洋环保管理部门会商。

（五）办案时限：海洋环境违法案件应当在立案之日起三个月内办结。如有特殊情况需要延期的，需向上级海监机构书面说明理由。自立案起期满六个月尚未作出行政处罚决定的海洋环境违法案件，上级海监机构可以要求案件承办机构限期办结或移交查处。

各级海洋行政主管部门要高度重视海洋环保执法工作，加强组织和指导，落实分管领导责任制。中国海监各级机构要依据《海洋环境保护法》及相关法律法规和规定，明确职责与任务，加强沟通和配合，形成执法合力，切实履行好法律赋予的职责，保证各项海洋环境保护执法工作落到实处。

湖泊生态环境保护试点管理办法

关于印发《湖泊生态环境保护
试点管理办法》的通知
财建〔2011〕464号

有关省、自治区财政厅、环境保护厅：

根据《中华人民共和国水污染防治法》，按照党中央、国务院让江河湖泊休养生息的战略部署，为保护湖泊生态环境，改善湖泊水质，避免走"先污染、后治理"的老路，财政部、环境保护部决定开展湖泊生态环境保护试点工作，建立优质生态湖泊保护机制。为确保湖泊生态环境保护试点工作取得实效，我们制定了《湖泊生态环境保护试点管理办法》，现印发你们。请根据此办法，结合本地实际情况，做好湖泊生态环境保护试点工作。

财政部　环境保护部
二〇一一年六月三十日

第一章 总 则

第一条 根据《中华人民共和国水污染防治法》，按照党中央、国务院让江河湖泊休养生息的战略部署，为保护湖泊生态环境，改善湖泊水质，避免走"先污染、后治理"的老路，财政部、环境保护部决定开展湖泊生态环境保护试点工作，建立优质生态湖泊保护机制。

第二条 中央财政安排资金（以下简称"中央资金"）对湖泊生态环境保护试点工作予以支持，鼓励探索"一湖一策"的湖泊生态环境保护方式，引导建立湖泊生态环境保护长效机制。

第三条 湖泊生态环境保护试点工作由省级政府负总责，湖泊所在市县政府具体负责保护工程项目建设和相关工作组织实施。财政部、环境保护部与省级政府签署责任协议，确保试点工作绩效目标明确，责任到省，取得实效。

第四条 湖泊生态环境保护试点工作实行"择优保护，集中支持，分批安排，鼓励先进，注重绩效"的办法，向社会公开，接受社会监督。

第二章 试点湖泊选择与中央资金安排

第五条 湖泊生态环境保护试点范围由财政部、环境保护部确定。纳入试点范围的湖泊，应同时满足以下条件：

1. 湖泊面积在 50 平方公里以上，有饮用水水源地功能或重要生态功能；

2. 湖泊现状总体水质或试点目标水质好于三类（含三类），流域土壤或沉积物天然背景值较低；

3. 地方政府高度重视，有系统、科学的湖泊生态环境保护实施方案，前期工作基础扎实，落实地方资金积极性较高；

4. 试点绩效目标合理，可量化、可考核。

第六条 湖泊生态环境保护投入以地方政府为主，中央财政按照适当比例予以补助，具体根据试点工作进度、年度绩效目标等分年安排；试点期限为3—5年，试点期满或试点绩效目标完成后，根据试点工作总体绩效评价情况奖优罚劣。

第三章 试点绩效目标与试点实施方案

第七条 湖泊生态环境保护试点工作绩效目标是保护试点湖泊生态环境，改善湖泊水质，防止富营养化，促进湖泊流域经济与环境和谐发展。

第八条 省级政府在开展湖泊生态安全调查与评估基础上组织编写湖泊生态环境保护试点实施方案。实施方案要全面深入分析试点湖泊生态安全影响因素，提出试点绩效目标及具体保护措施。试点绩效目标包括总体绩效目标、年度绩效目标和具体项目绩效目标。保护措施要针对湖泊生态环境面临的问题，提出针对性、可行的技术路线，并列出项目清单、项目建设进度、项目绩效目标和资金需求。

第九条 湖泊生态环境保护试点实施方案具体编写工作由省级财政部门、环境保护部门承担，报财政部、环境保护部备案。财政部、环境保护部据此与省级政府签署责任协议。

第四章 中央资金使用与具体项目实施

第十条 中央资金采取专项转移支付方式下达，由省级政府统筹安排到具体项目。省级政府可将中央资金集中安排使用，对属于中央资金支持范围的项目，可用中央资金全额打足，确保干一个项目，完一个项目，避免出现"半拉子"工程。

第十一条 地方政府要加快投资预算执行。省级财政部门收到中央财政下达的资金后，应会同同级环境保护部门，于2个月内将中央资金安排到具体项目，并将项目安排清单（具体格式详见附二）报财政部、环境保护部备案。

第十二条 中央资金实行专款专用，只能用于试点实施方案中与湖泊生态环境保护直接相关的项目建设，不得用于征地拆迁、公务车辆购置、办公用房购建等支出。

第十三条 地方各级政府要做好项目前期工作，按照试点实施方案和责任协议，加快相关项目建设和相关工作组织实施，确保湖泊生态环境保护试点绩效目标如期完成。

第十四条 地方各级政府要将中央资金纳入同级财政预算管理，但不得用于平衡本级预算。

第五章 绩效管理与奖惩机制

第十五条 财政部、环境保护部加强湖泊生态环境保护试点工作绩效管理，绩效评价结果与中央资金安排挂钩，以确保责任协议确定的湖泊生态环境保护试点绩效目标和措施有效落实。

第十六条 湖泊生态环境保护试点工作绩效评价分为总体评价、年度评价和不定期评价。总体评价于试点期满或试点绩效目标完成后3个月内进行，年度评价于每年1—2月进行。年度评价结果作为下年中央资金安排依据之一；总体评价结果作为采取进一步安排奖励资金、停止安排后续资金或收回已安排资金等政策措施的依据。

第十七条 湖泊生态环境保护试点工作绩效评价内容：

1. 湖泊生态环境保护试点实施方案进展及完成情况，包括项目建设进展情况、试点绩效目标完成情况、湖泊生态环境保护长效机制建立情况等。

2. 中央资金使用情况，包括中央资金安排情况、中央资金预算执行情况、地方资金筹集情况等。

3. 相关工作进展报备情况。

第十八条 地方各级财政部门、环境保护部门要积极组织湖泊生态环境保护试点绩效评价工作，并加强日常监督和检查。省级财政部门、环境保护部门于每季度结束后20日内向财政部、环境保护部报送试点工作进展情况。对湖泊生态环境保护试点工作中取得的成效及出现的新情况、新问题，要及时上报，并总结经验或提出解决问题的建议。

第十九条 各地区和单位不得以任何理由、任何方式截留、挤占、挪用中央资金，不得"报大建小"、虚列支出、进行虚假绩效评价。对存在上述问题的地区，一经查实，财政部、环境保护部将视情况采取通报批评、停止安排后续资金直至取消试点资格并追缴已拨付资金等措施,并按照《财政违法行为处罚处分条例》(国务院令第 427 号)的相关规定进行处理。涉嫌犯罪的,移送司法机关处理。

第六章 附 则

第二十条 本办法自印发之日起实施。各地可根据本办法,结合当地实际,制定湖泊生态环境保护试点工作实施细则,报财政部、环境保护部备案。

第二十一条 本办法由财政部、环境保护部负责解释。

附一:湖泊生态环境保护试点实施方案编写提纲(略)

附二:湖泊生态环境保护试点项目安排备案表(略)

附 录

江河湖泊生态环境保护项目资金管理办法

关于印发《江河湖泊生态环境保护项目资金管理办法》的通知

财建〔2013〕788号

各省、自治区、直辖市、计划单列市财政厅（局）、环境保护厅（局），新疆生产建设兵团财务局、环境保护局：

为贯彻落实党的十八大关于生态文明建设的战略部署，加强水生态环境保护，规范项目资金管理，提高投资效益，我们制定了《江河湖泊生态环境保护项目资金管理办法》，现印发你们。请根据此办法，结合本地实际情况，加强项目资金管理。

财政部　环境保护部
2013年11月12日

第一章　总　则

第一条　为引导地方按照"水系统筹、集中连片；保护优先、防治并举；综合施策、持续发展"的原则开展江河湖泊生态环境保护工作，提高财政资金使用效益，根据国家预算管理有关规定，制定本办法。

第二条 本办法所称江河湖泊生态环境保护专项资金（以下简称专项资金）是指中央财政专项用于湖泊、河流、地下水等流域生态环境保护的资金。

第三条 根据国务院有关规定，各省（自治区、直辖市、计划单列市，下同）人民政府是江河湖泊生态环境保护工作实施的责任主体。江河湖泊生态环境保护以地方投入为主，中央安排专项资金予以适当支持，并加强对地方工作的指导监督。

第四条 各级财政部门、环境保护部门应加强与发展改革、水利等部门的沟通协调，共同推进江河湖泊生态环境保护各项工作。

第五条 专项资金管理按照公开、公平、公正原则，接受社会监督。

第二章 专项资金使用范围

第六条 专项资金使用范围包括：

（一）江河湖泊生态安全调查与评估项目。包括对江河湖泊流域生态环境保护、流域范围内产业结构及现行保护机制的调查，以此为基础开展的水生态健康、生态系统服务功能、流域社会经济影响等评价工作。

（二）饮用水水源地保护项目。包括饮用水水源规范化建设、饮用水水源地环境综合整治及环境风险防范等。

（三）流域污染源治理项目。包括与流域水环境直接相关的生活污水垃圾处理、畜禽养殖污染治理和面源污染综合整治等。

（四）生态修复与保护项目。包括湖泊水体保育、湖滨河滨缓冲带建设、湿地建设、河流生态建设、生态涵养林建设以及地下水环境修复等。

（五）环境监管能力建设项目。包括流域水环境监测、监察、应急、信息等能力建设。

专项资金应主要用于本条第一款（二）、（三）、（四）规定的范围，不得用于上述五项中的征地拆迁补偿、亭台楼阁及楼堂馆所建设、交通工具和日常办公设备购置等支出。

第七条　对于已安排中央财政其他专项补助资金的项目，专项资金不再安排。

第三章　专项资金分配方式与依据

第八条　专项资金按照"集中投入、逐个销号"的原则对满足一定标准的江河湖泊通过竞争等方式选取部分予以重点支持，其他纳入储备库，可视情况予以一般引导。

财政部、环境保护部可根据国务院的相关工作部署确定通过其他方式予以支持。

第九条　参与竞争的江河湖泊应当满足以下标准：

（一）纳入国家相关规划或党中央、国务院明确要求予以支持。

（二）江河湖泊总体水质现状好于Ⅲ类（含Ⅲ类），或者总体水质现状劣于Ⅲ类、但在三年内能够显著提高。

（三）地方已按要求编制完成江河湖泊生态环境保护总体方案。

（四）地方及社会已投入部分资金用于总体方案确定的内容。

第十条　财政部、环境保护部根据实际工作需要和专项资金预算规模组织竞争，具体事宜由财政部、环境保护部另行确定。

第十一条 通过竞争，财政部、环境保护部选取部分江河湖泊，建立国家重点支持江河湖泊动态名录。中央与省政府签署协议，根据江河湖泊生态环境保护目标任务和控制投资额，明确一定时期内专项资金支持规模，滚动安排。各年度专项资金安排规模将综合考虑年度任务量、绩效、专项资金预算规模等因素。

控制投资额由财政部、环境保护部综合考虑流域生态空间规模、生态环境保护难易程度、项目造价标准及各地实际发展水平等因素确定。

第十二条 经竞争未纳入重点支持的江河湖泊，以及原湖泊生态环境保护专项资金已安排的水质良好湖泊，纳入储备库。由财政部、环境保护部综合考虑项目前期工作、绩效、专项资金预算规模等因素选取部分，将其纳入国家一般引导江河湖泊动态名录。中央除第1年安排部分启动资金外，其余年度依据绩效和监督检查结果予以安排，具体由财政部、环境保护部另行确定。

第十三条 纳入储备库的江河湖泊可继续参加以后组织的竞争。国家重点支持江河湖泊动态名录、国家一般引导江河湖泊动态名录和储备库实行滚动管理，并予以公布。

第四章 专项资金拨付与使用

第十四条 专项资金由中央对省实行专项转移支付。地方财政部门应会同同级环境保护部门严格按规定程序执行预算。

省级财政部门收到专项资金后，应当会同同级环境保护部门，依据江河湖泊生态环境保护方案确定的年度目标任务，在规定时间内将专项资金细化落实到具体项目，并填写备案表，报送财政部、环境保护部备案,抄送财政部驻本省财政监察专员办事处。

第十五条 地方各级财政部门应会同环境保护部门,积极协调发展改革、水利部门等明确江河湖泊生态环境保护总体方案中各类项目的资金渠道。鼓励地方积极整合统筹各类资金,集中用于江河湖泊生态环境保护。

第十六条 对专项资金安排的项目,地方财政、环境保护部门会同有关部门可按规定的使用范围全额打足;鼓励社会资本参与投资,激发市场投资活力,提高投资效益。

第十七条 专项资金严格按照国库集中支付制度有关规定支付,专款专用。使用专项资金的地方要将专项资金纳入地方同级财政预算管理,不得用于平衡本级预算。

第五章 专项资金绩效评价与监督管理

第十八条 各级财政、环境保护部门应当加强江河湖泊生态环境保护项目资金绩效评价和监督管理。对江河湖泊生态环境保护总体方案实施情况,每年开展绩效评价,实施动态监督管理。财政部驻各省财政监察专员办事处应加强项目资金分解下达、支付和使用的全过程监督。

第十九条 绩效评价和监督管理主要包括江河湖泊生态环境保护总体方案确定的目标任务完成情况、地方及社会投入情况、长效管护机制推进情况、专项资金预算执行情况等。

第二十条 省财政、环境保护部门在监督管理过程中,如发现重大事项和问题,应及时报告财政部、环境保护部。

第二十一条 国家重点支持和一般引导的江河湖泊将根据绩效评价和监督检查结果实行滚动管理。

（一）国家重点支持的江河湖泊：对绩效评价和监督检查结果持续较差的，中央按照协议采取相应处罚措施。对绩效评价和监督检查结果较好的，中央按照协议，继续安排专项资金。按期完成协议的，退出国家重点支持江河湖泊动态名录，中央除兑付已承诺专项资金外，可根据专项资金预算规模在一定时期内适当安排资金用于巩固保护成效，发挥示范作用。

（二）国家一般引导的江河湖泊：年度绩效评价和监督检查结果较差的，退出国家一般引导江河湖泊动态名录，专项资金暂停支持。绩效评价和监督检查结果较好的，在后续安排中优先考虑纳入国家重点支持江河湖泊动态名录。

第二十二条　各地区和单位不得以任何理由、任何方式骗取、截留、挤占、挪用专项资金。对以上违法行为，一经查实，依照《财政违法行为处罚处分条例》的相关规定进行处理。

第六章　附　则

第二十三条　各地可根据本办法，结合本地实际，制定江河湖泊生态环境保护项目资金管理具体实施办法，报送财政部、环境保护部备案，抄送财政部驻当地财政监察专员办事处。

第二十四条　本办法由财政部、环境保护部负责解释。

第二十五条　本办法自印发之日起施行，《财政部　环境保护部关于印发〈湖泊生态环境保护试点管理办法〉的通知》（财建〔2011〕464号）、《财政部　环境保护部关于印发〈三河三湖及松花江流域水污染防治项目资金管理办法〉的通知》（财建〔2012〕601号）、《财政部　环境保护部关于印发湖泊生态环境保护申报评分标准（试行）的通知》（财建〔2012〕87号）同时废止。

电力工业环境保护管理办法

(1996年12月2日中华人民共和国电力工业部令第九号发布)

第一章 总 则

第一条 为了加强电力工业的环境保护管理,依据《中华人民共和国环境保护法》、《中华人民共和国电力法》等法律、法规特制定本办法。

第二条 本办法适用于从事电力规划、计划、设计、施工、生产、供应、科研、教育等活动中的环境保护工作。

第三条 电力建设应坚持可持续发展战略,做到电力与环境保护同步规划、同步实施、同步发展。

第四条 电力建设、生产和供应必须依法保护环境,采用新技术,推行文明、清洁生产,减少有害物质排放,防治环境污染和其它公害。

第五条 电力工业环境保护管理应实行电力环境保护职能机构全过程归口管理和各部门分工负责制。管理工作要做到法制化、规范化和制度化。

第二章　机构和职责

第六条　电力工业部、各电力集团公司和省（自治区、直辖市）电力公司，可根据环保工作的任务和需要，设置环境保护管理机构，或充实加强环境保护力量；电力设计部门可设立环境保护专业机构；电力生产企业、施工企业、修造企业、供电企业和其它对环境产生污染影响的企业应当明确环境保护管理机构或配备专职管理人员，其中，环保任务繁重的电力生产企业，可以设置精干的环境保护管理机构。

第七条　电力工业部负责全国电力工业的环境保护管理工作，主要职责是：

1. 根据国家环境保护法律、法规和方针、政策，制定电力工业环境保护的方针、政策、规章和标准；

2. 制定并组织实施环境保护、综合利用的规划、计划；

3. 负责环境监测网的管理和环境统计；

4. 负责电力建设项目环境影响评价管理和"三同时"管理；

5. 考核电力工业部直属和归口管理部门、单位的环境保护工作；

6. 组织实施环境保护的国际交流与合作；

7. 组织推进重大污染防治措施及洁净煤燃烧技术示范工程的建设和相应技术，以及风能、太阳能等新能源的推广应用；

8. 组织实施环境保护的科研和科技成果的推广；

9. 组织实施环境保护宣传、教育和培训；

10. 负责灰渣资源化和废水资源化的管理；

11. 负责与国家有关部门协调重大环境保护问题；

12. 组织实施国务院交办的和国家综合部门委托的其它环境保护事宜。

第八条 网、省（自治区、直辖市）电力公司、电力集团公司负责本部门和所辖企业的环境保护工作。主要职责是：

1. 贯彻执行国家及地方环境保护法律、法规和方针、政策；

2. 编制并组织实施本公司环境保护、综合利用的规划、计划；

3. 组织实施上级主管部门和地方政府下达的污染治理及限期治理任务；

4. 负责所属企业环境监测网的管理和环境统计；

5. 负责所属企业的限额以下电力建设项目环境影响评价管理和"三同时"管理；

6. 负责环境保护的科研和科技成果的推广应用；

7. 开展所属企业的环境保护宣传、教育和培训；

8. 负责所属企业粉煤灰综合利用的管理；

9. 完成上级部门和政府部门委托的其它环境保护事宜。

第九条 电力生产企业（火电厂、水电厂）主要职责是：

1. 贯彻执行国家及地方环境保护的法律、法规和方针、政策；

2. 编制并实施本企业环境保护和综合利用的规划、计划；

3. 实施上级主管部门和地方政府下达的环境保护和综合利用任务；

4. 建立和健全环境保护管理和环境保护设备运行管理制度，确保环境保护设施安全、稳定、连续运转；

5. 负责本企业污染源监测和环境保护统计；

6. 处理本企业环境污染事故和污染纠纷，及向上级部门报告情况；

7. 组织开展环境保护宣传、教育和培训。

第十条 电力设计单位负责编制建设项目各阶段环境保护设计文件和参加环境影响评价工作。

第十一条 电力施工企业、修造企业、供电和其它对环境产生污染影响的企业负责本企业和所从事的建设生产活动中的环境保护工作。

第三章 建设项目环境保护管理

第十二条 环境保护规划、计划必须纳入电力发展规划、计划，采取有利于环境保护的经济、技术措施，使电力与环境保护同步规划、同步实施、同步发展。

第十三条 电力建设项目（包括发电、输变电及其它建设项目）必须执行国家环境影响评价制度。

第十四条 评价单位由业主单位确定，但应征得网、省（市、自治区）电力公司环境保护主管机构的意见，并报负责环境影响报告书预审的电力工业部环境保护主管机构备案。

第十五条 承担电力建设项目环境影响评价的负责单位必须有相应等级的评价资格证书，必须熟悉工程和具有电力建设项目环境影响评价工作经验。工程分析部分应由电力设计单位承担。

有下列情况之一的电力建设项目环境影响评价工作应由电力系统的评价单位作为负责单位：

1. 对需要向国外提供环境影响报告书的；

2. 本期容量为 600 兆瓦及以上，规划容量为 1200 兆瓦及以上的；

3. 位于复杂地形且容量为 300 兆瓦及以上的。

第十六条 环境保护设计必须按国家规定的设计程序和环境影响报告书批复的要求进行。污染防治及为综合利用提供条件的设施必须与主体工程同时设计。

第十七条 电力建设项目的招标文件中应有明确的环境保护条款，全面落实设计文件中提出的污染防治对策措施。

第十八条 环境保护所需的投资（包括环境影响评价和环境保护设施竣工验收费用）列入工程概算，任何单位不得以任何理由取消或挪用。

第十九条 电力建设项目对外谈判、签订合同，都必须严格执行我国的环境保护法律、法规和标准。与电力环境保护有关的谈判工作，应有电力环境保护职能机构和专业人员参加。

第二十条 环境保护及为综合利用提供条件的设施必须与主体工程同时施工。

在建设过程中，要防止和尽量减少对施工场地和周围环境的影响。项目竣工后，应及时修整和恢复在建设过程中受到破坏的环境。

第二十一条 在设计或施工阶段需要变更治理措施时，业主单位要行文报告负责预审环境影响报告书的机构，由预审机构与审批部门协调，在取得审批部门的同意后方可变更。擅自变更的要追究法律责任。

第二十二条 环境保护设施必须与主体工程同时投产验收和同时运行。

电力环境保护职能机构按预审报告书的权限，负责对环境保护设施的预验收或与环境保护部门联合验收。

预验收和参加联合验收的环境监测必须由电力环境监测中心站（或总站）进行。

第四章　生产过程环境保护管理

第二十三条　电力环境保护职能机构要根据上一级管理机构制定的目标编制本企业的污染防治规划，明确目标、任务和措施，制定年度实施计划。

环境保护目标层层分解，应使任务落实到单位，责任落实到人。

第二十四条　涉及电力环境保护技术改造项目的立项、验收，要征得电力环境保护职能机构的同意。

第二十五条　环境保护及为综合利用提供条件的设施必须和生产设施同时运行。环境保护设施要稳定达标运行，不得擅自停止正常运行和拆除。需要停运和拆除的，必须由上一级或归口管理部门的电力环境保护职能机构同意并征得地方环境保护行政主管部门确认。

第二十六条　各电力企业发生污染事故时，必须及时采取紧急处理措施，避免事故扩大，同时向上一级电力环境保护主管机构和地方环境保护部门报告，不得隐瞒污染事故；重大污染事故必须向电力工业部环境保护职能机构报告。

第二十七条　电力企业必须安排污染防治资金；返还交纳排污费或补助的资金必须全部用于治理污染；开展综合利用所得的税后收益继续用于综合利用。

第五章　科研、教学、培训及国际交往

第二十八条　电力中长期科技发展规划和年度计划应优先

安排污染治理和综合利用的研究及科技开发项目。各级电力部门应积极推广应用先进、实用的电力环境保护科研成果。

第二十九条 高等电力学校应设立电力环境保护课程，在努力办好现有电力环境保护专业教育的同时，积极拓展电力环境保护教育领域。

第三十条 电力环境保护职能机构应定期举办各类环境保护业务培训班，提高环境保护专业人员的技术水平和业务素质。

第三十一条 各单位应加强环境保护宣传工作，提高全体电力职工的环境保护意识和环境参与能力。

第三十二条 加强国内外电力环境保护科技信息交流工作。各科研、信息院所及有关部门要及时跟踪国际环境保护新技术、新工艺、新产品。电力部门的新闻媒介要及时反映国内、外环境保护动态，积极做好对外宣传工作。

第三十三条 外事管理机构，在安排技术引进、出国进修、技术交流和专业考察时，应考虑环境保护的需要。电力环境保护职能机构应参与国际电力环境保护交流活动，配合外事部门开展电力环境保护的国际交流与合作。

第六章 监督管理

第三十四条 电力环境保护考核工作实行年度考核。

第三十五条 电力环境保护职能机构负责电力系统内的环境保护监督管理和考核工作。

第三十六条 环境保护技术监督要纳入电力建设、生产的全过程。

生产过程的环境保护技术监督的范围主要包括：燃料、水源等各种原材料和污染物产生、治理、排放、贮存、综合利用的各种工艺、设施及设备。

电力环境保护技术监督机构受同级电力环境保护职能机构领导，同时受上一级和归口管理部门电力环境保护技术监督机构的指导。

第三十七条 电力工业部设立电力工业部环境监测总站（简称总站），在电力工业部环境保护职能机构的领导下负责全国电力工业环境保护统计和电力工业环境监测、监督的技术管理。

各网、省（自治区、直辖市）电力公司应设立监测中心站；大型以及对环境影响较大的中型水电站原则上应设立环境监测站；燃煤电厂应设立环境监测站。

各级电力环境监测站负责环境保护技术监督工作；编报环境状况报告书，并报本企业上一级环境保护职能机构。

环境监测按有关规定和规范进行，并按规定定期公布监测数据。

中心站技术上受总站指导，各厂监测站技术上受中心站指导。

第三十八条 企业安全、文明生产达标及创一流发、供电企业工作必须进行环境保护考核，并实行"环境保护一票否决权"。

考核指标要包括环境保护管理水平和污染控制（包括综合利用）水平。

第三十九条 各级电力企业主要领导人要依法履行保护环境的职责，带头执行环境保护法律、法规和政策。要将环境保护工作情况作为考核主要领导人业绩的重要内容。对任期内不依法治理污染、造成污染加剧和发生重大事故的，按有关规定追究行政责任。

电力企业的法人代表每年应在职工代表大会上报告本企业的环境保护工作，接受群众监督。

第四十条 电力行政监察部门要对电力环境保护工作进行监察。

第四十一条 电力系统的新闻媒介应发挥新闻舆论对电力环境保护的监督作用。

第七章 奖励与惩罚

第四十二条 各级电力企、事业单位对于在环境保护工作中做出显著成绩的单位和个人给予表彰或奖励。

第四十三条 对造成严重生态破坏和重大污染事故的单位和个人，视情节轻重由主管部门按规定给予行政处分；违反法律、法规的依法处理。

第八章 附 则

第四十四条 各级电力企、事业单位可根据本办法制定实施细则或专门规定。

第四十五条 本办法委托电力工业部环境保护办公室负责解释。

第四十六条 本办法自颁布之日起施行，原水电部、能源部颁布的电力工业环境保护管理有关规定与本办法有抵触的以本办法为准。

风电场工程建设用地和环境保护管理暂行办法

关于印发《风电场工程建设用地和
环境保护管理暂行办法》的通知
发改能源〔2005〕1511号

各省、自治区、直辖市、计划单列市、新疆生产建设兵团发展改革委、国土资源厅（局）、环保局（厅）：

为了贯彻实施《中华人民共和国可再生能源法》，积极支持和促进我国风电发展，规范和加快风电场开发建设，促进社会经济可持续发展，国家发展改革委会同国土资源部和国家环保总局制定了《风电场工程建设用地和环境保护管理暂行办法》，现印发你们，请认真贯彻落实。

国家发展改革委
国土资源部
国家环保总局
二〇〇五年八月九日

第一章 总 则

第一条 为贯彻实施《中华人民共和国可再生能源法》，支持风电发展，规范和加快风电场开发建设，促进经济社会可持续发展，依据国家有关法律法规，结合风电场建设的特点，制定本办法。

第二条 本办法适用于规划建设的风电场工程项目。

第二章 建设用地

第三条 风电场工程建设用地应本着节约和集约利用土地的原则，尽量使用未利用土地，少占或不占耕地，并尽量避开省级以上政府部门依法批准的需要特殊保护的区域。

第四条 风电场工程建设用地按实际占用土地面积计算和征地。其中，非封闭管理的风电场中的风电机组用地，按照基础实际占用面积征地；风电场其它永久设施用地按照实际占地面积征地；建设施工期临时用地依法按规定办理。

第五条 风电场工程建设用地预审工作由省级国土资源管理部门负责。

第六条 建设用地单位在申请核准前要取得用地预审批准文件。用地预审申请需提交下列材料：

1. 建设用地预审申请表；

2. 预审申请报告内容包括：拟建设项目基本情况、拟选址情况、拟用地总规模和拟用地类型等，对占用耕地的建设项目，需提出补充耕地初步方案；

3. 项目预可行性研究报告。

第七条 项目建设单位申报核准项目时，必须附省级国土资源管理部门预审意见；没有预审意见或预审未通过的，不得核准建设项目。

第八条 风电场项目经核准后，项目建设单位应依法申请使用土地，涉及农用地和集体土地的，应依法办理农用地转用和土地征收手续。

第三章 环境保护

第九条 风电场工程建设项目实行环境影响评价制度。风电场建设的环境影响评价由所在地省级环境保护行政主管部门负责审批。凡涉及国家级自然保护区的风电场工程建设项目，省级环境保护行政主管部门在审批前，应征求国家环境保护行政主管部门的意见。

第十条 加强环境影响评价工作，认真编制环境影响报告表。风电规划、预可行性研究报告和可行性研究报告都要编制环境影响评价篇章，对风电建设的环境问题、拟采取措施和效果进行分析和评价。

第十一条 建设单位在项目申请核准前要取得项目环境影响评价批准文件。项目环境影响评价报告应委托有相应资质的单位编制，并提交"风电场工程建设项目环境影响报告表"。

第十二条 项目建设单位申报核准项目时，必须附省级环境保护行政主管部门审批意见；没有审批意见或审批未通过的，不得核准建设项目。

第十三条　风电场工程经核准后,项目建设单位要按照环境影响报告表及其审批意见的要求,加强环境保护设计,落实环境保护措施。按规定程序申请环境保护设施竣工验收,验收合格后,该项目方可正式投入运营。

第四章　其　它

第十四条　各省(区、市)风电场工程规划报告由各省(区、市)发展改革委负责组织有关单位编制,应当在规划编制过程中组织进行环境影响评价,编写该规划有关环境影响的篇章或者说明。省级国土资源管理部门负责对风电场规划用地的合理性进行审核,并做好与本地区土地利用总体规划的衔接工作;省级环境保护行政主管部门负责对规划的环境问题进行审核。

第五章　附　则

第十五条　建设用地预审按照《建设项目用地预审管理办法》(国土资源部令第27号)执行。建设用地预审申请表、建设用地预审申请报告和风电场工程建设项目环境影响报告表格(式见附件一—附件三)。

第十六条　本办法由国家发展改革委、国土资源部和国家环保总局负责解释。自发布之日起执行

第十七条　本办法由国家发展改革委、国土资源部和国家环保总局负责解释。自发布之日起执行。

附件一—附件三(略)

附 录

气象设施和气象探测环境保护条例

中华人民共和国国务院令

第 623 号

《气象设施和气象探测环境保护条例》已经 2012 年 8 月 22 日国务院第 214 次常务会议通过，现予公布，自 2012 年 12 月 1 日起施行。

总理　温家宝

2012 年 8 月 29 日

第一条　为了保护气象设施和气象探测环境，确保气象探测信息的代表性、准确性、连续性和可比较性，根据《中华人民共和国气象法》，制定本条例。

第二条　本条例所称气象设施，是指气象探测设施、气象信息专用传输设施和大型气象专用技术装备等。

本条例所称气象探测环境，是指为避开各种干扰，保证气象探测设施准确获得气象探测信息所必需的最小距离构成的环境空间。

第三条 气象设施和气象探测环境保护实行分类保护、分级管理的原则。

第四条 县级以上地方人民政府应当加强对气象设施和气象探测环境保护工作的组织领导和统筹协调,将气象设施和气象探测环境保护工作所需经费纳入财政预算。

第五条 国务院气象主管机构负责全国气象设施和气象探测环境的保护工作。地方各级气象主管机构在上级气象主管机构和本级人民政府的领导下,负责本行政区域内气象设施和气象探测环境的保护工作。

设有气象台站的国务院其他有关部门和省、自治区、直辖市人民政府其他有关部门应当做好本部门气象设施和气象探测环境的保护工作,并接受同级气象主管机构的指导和监督管理。

发展改革、国土资源、城乡规划、无线电管理、环境保护等有关部门按照职责分工负责气象设施和气象探测环境保护的有关工作。

第六条 任何单位和个人都有义务保护气象设施和气象探测环境,并有权对破坏气象设施和气象探测环境的行为进行举报。

第七条 地方各级气象主管机构应当会同城乡规划、国土资源等部门制定气象设施和气象探测环境保护专项规划,报本级人民政府批准后依法纳入城乡规划。

第八条 气象设施是基础性公共服务设施。县级以上地方人民政府应当按照气象设施建设规划的要求,合理安排气象设施建设用地,保障气象设施建设顺利进行。

第九条 各级气象主管机构应当按照相关质量标准和技术

要求配备气象设施，设置必要的保护装置，建立健全安全管理制度。

地方各级气象主管机构应当按照国务院气象主管机构的规定，在气象设施附近显著位置设立保护标志，标明保护要求。

第十条 禁止实施下列危害气象设施的行为：

（一）侵占、损毁、擅自移动气象设施或者侵占气象设施用地；

（二）在气象设施周边进行危及气象设施安全的爆破、钻探、采石、挖砂、取土等活动；

（三）挤占、干扰依法设立的气象无线电台（站）、频率；

（四）设置影响大型气象专用技术装备使用功能的干扰源；

（五）法律、行政法规和国务院气象主管机构规定的其他危害气象设施的行为。

第十一条 大气本底站、国家基准气候站、国家基本气象站、国家一般气象站、高空气象观测站、天气雷达站、气象卫星地面站、区域气象观测站等气象台站和单独设立的气象探测设施的探测环境，应当依法予以保护。

第十二条 禁止实施下列危害大气本底站探测环境的行为：

（一）在观测场周边3万米探测环境保护范围内新建、扩建城镇、工矿区，或者在探测环境保护范围上空设置固定航线；

（二）在观测场周边1万米范围内设置垃圾场、排污口等干扰源；

（三）在观测场周边1000米范围内修建建筑物、构筑物。

第十三条 禁止实施下列危害国家基准气候站、国家基本气象站探测环境的行为：

（一）在国家基准气候站观测场周边2000米探测环境保护

范围内或者国家基本气象站观测场周边 1000 米探测环境保护范围内修建高度超过距观测场距离 1/10 的建筑物、构筑物；

（二）在观测场周边 500 米范围内设置垃圾场、排污口等干扰源；

（三）在观测场周边 200 米范围内修建铁路；

（四）在观测场周边 100 米范围内挖筑水塘等；

（五）在观测场周边 50 米范围内修建公路、种植高度超过 1 米的树木和作物等。

第十四条 禁止实施下列危害国家一般气象站探测环境的行为：

（一）在观测场周边 800 米探测环境保护范围内修建高度超过距观测场距离 1/8 的建筑物、构筑物；

（二）在观测场周边 200 米范围内设置垃圾场、排污口等干扰源；

（三）在观测场周边 100 米范围内修建铁路；

（四）在观测场周边 50 米范围内挖筑水塘等；

（五）在观测场周边 30 米范围内修建公路、种植高度超过 1 米的树木和作物等。

第十五条 高空气象观测站、天气雷达站、气象卫星地面站、区域气象观测站和单独设立的气象探测设施探测环境的保护，应当严格执行国家规定的保护范围和要求。

前款规定的保护范围和要求由国务院气象主管机构公布，涉及无线电频率管理的，国务院气象主管机构应当征得国务院无线电管理部门的同意。

第十六条 地方各级气象主管机构应当将本行政区域内气象探测环境保护要求报告本级人民政府和上一级气象主管机构，

并抄送同级发展改革、国土资源、城乡规划、住房建设、无线电管理、环境保护等部门。

对不符合气象探测环境保护要求的建筑物、构筑物、干扰源等，地方各级气象主管机构应当根据实际情况，商有关部门提出治理方案，报本级人民政府批准并组织实施。

第十七条　在气象台站探测环境保护范围内新建、改建、扩建建设工程，应当避免危害气象探测环境；确实无法避免的，建设单位应当向国务院气象主管机构或者省、自治区、直辖市气象主管机构报告并提出相应的补救措施，经国务院气象主管机构或者省、自治区、直辖市气象主管机构书面同意。未征得气象主管机构书面同意或者未落实补救措施的，有关部门不得批准其开工建设。

在单独设立的气象探测设施探测环境保护范围内新建、改建、扩建建设工程的，建设单位应当事先报告当地气象主管机构，并按照要求采取必要的工程、技术措施。

第十八条　气象台站站址应当保持长期稳定，任何单位或者个人不得擅自迁移气象台站。

因国家重点工程建设或者城市（镇）总体规划变化，确需迁移气象台站的，建设单位或者当地人民政府应当向省、自治区、直辖市气象主管机构提出申请，由省、自治区、直辖市气象主管机构组织专家对拟迁新址的科学性、合理性进行评估，符合气象设施和气象探测环境保护要求的，在纳入城市（镇）控制性详细规划后，按照先建站后迁移的原则进行迁移。

申请迁移大气本底站、国家基准气候站、国家基本气象站的，由受理申请的省、自治区、直辖市气象主管机构签署意见并报送国务院气象主管机构审批；申请迁移其他气象台站的，由省、自治区、直辖市气象主管机构审批,并报送国务院气象主管机构备案。

气象台站迁移、建设费用由建设单位承担。

第十九条 气象台站探测环境遭到严重破坏,失去治理和恢复可能的,国务院气象主管机构或者省、自治区、直辖市气象主管机构可以按照职责权限和先建站后迁移的原则,决定迁移气象台站;该气象台站所在地地方人民政府应当保证气象台站迁移用地,并承担迁移、建设费用。地方人民政府承担迁移、建设费用后,可以向破坏探测环境的责任人追偿。

第二十条 迁移气象台站的,应当按照国务院气象主管机构的规定,在新址与旧址之间进行至少1年的对比观测。

迁移的气象台站经批准、决定迁移的气象主管机构验收合格,正式投入使用后,方可改变旧址用途。

第二十一条 因工程建设或者气象探测环境治理需要迁移单独设立的气象探测设施的,应当经设立该气象探测设施的单位同意,并按照国务院气象主管机构规定的技术要求进行复建。

第二十二条 各级气象主管机构应当加强对气象设施和气象探测环境保护的日常巡查和监督检查。各级气象主管机构可以采取下列措施:

(一)要求被检查单位或者个人提供有关文件、证照、资料;

(二)要求被检查单位或者个人就有关问题作出说明;

(三)进入现场调查、取证。

各级气象主管机构在监督检查中发现应当由其他部门查处的违法行为,应当通报有关部门进行查处。有关部门未及时查处的,各级气象主管机构可以直接通报、报告有关地方人民政府责成有关部门进行查处。

第二十三条 各级气象主管机构以及发展改革、国土资源、城乡规划、无线电管理、环境保护等有关部门及其工作人员违反本条例规定,有下列行为之一的,由本级人民政府或者上级机关责令改正,通报批评;对直接负责的主管人员和其他直接责任人员依法给予处分;构成犯罪的,依法追究刑事责任:

(一)擅自迁移气象台站的;

(二)擅自批准在气象探测环境保护范围内设置垃圾场、排污口、无线电台(站)等干扰源以及新建、改建、扩建建设工程危害气象探测环境的;

(三)有其他滥用职权、玩忽职守、徇私舞弊等不履行气象设施和气象探测环境保护职责行为的。

第二十四条 违反本条例规定,危害气象设施的,由气象主管机构责令停止违法行为,限期恢复原状或者采取其他补救措施;逾期拒不恢复原状或者采取其他补救措施的,由气象主管机构依法申请人民法院强制执行,并对违法单位处1万元以上5万元以下罚款,对违法个人处100元以上1000元以下罚款;造成损害的,依法承担赔偿责任;构成违反治安管理行为的,由公安机关依法给予治安管理处罚;构成犯罪的,依法追究刑事责任。

挤占、干扰依法设立的气象无线电台(站)、频率的,依照无线电管理相关法律法规的规定处罚。

第二十五条 违反本条例规定,危害气象探测环境的,由气象主管机构责令停止违法行为,限期拆除或者恢复原状,情节严重的,对违法单位处2万元以上5万元以下罚款,对违法个人处 200 元以上 5000 元以下罚款；逾期拒不拆除或者恢复原状的，由气象主管机构依法申请人民法院强制执行；造成损害的，依法承担赔偿责任。

在气象探测环境保护范围内，违法批准占用土地的，或者非法占用土地新建建筑物或者其他设施的，依照城乡规划、土地管理等相关法律法规的规定处罚。

第二十六条 本条例自 2012 年 12 月 1 日起施行。

建设项目环境保护管理条例

中华人民共和国国务院令

第 682 号

《国务院关于修改〈建设项目环境保护管理条例〉的决定》已经 2017 年 6 月 21 日国务院第 177 次常务会议通过，现予公布，自 2017 年 10 月 1 日起施行。

总理　李克强
2017 年 7 月 16 日

(1998 年 11 月 29 日中华人民共和国国务院令第 253 号发布；根据 2017 年 7 月 16 日《国务院关于修改〈建设项目环境保护管理条例〉的决定》修订)

第一章　总　则

第一条　为了防止建设项目产生新的污染、破坏生态环境，制定本条例。

第二条 在中华人民共和国领域和中华人民共和国管辖的其他海域内建设对环境有影响的建设项目，适用本条例。

第三条 建设产生污染的建设项目，必须遵守污染物排放的国家标准和地方标准；在实施重点污染物排放总量控制的区域内，还必须符合重点污染物排放总量控制的要求。

第四条 工业建设项目应当采用能耗物耗小、污染物产生量少的清洁生产工艺，合理利用自然资源，防止环境污染和生态破坏。

第五条 改建、扩建项目和技术改造项目必须采取措施，治理与该项目有关的原有环境污染和生态破坏。

第二章 环境影响评价

第六条 国家实行建设项目环境影响评价制度。

第七条 国家根据建设项目对环境的影响程度，按照下列规定对建设项目的环境保护实行分类管理：

（一）建设项目对环境可能造成重大影响的，应当编制环境影响报告书，对建设项目产生的污染和对环境的影响进行全面、详细的评价；

（二）建设项目对环境可能造成轻度影响的，应当编制环境影响报告表，对建设项目产生的污染和对环境的影响进行分析或者专项评价；

（三）建设项目对环境影响很小，不需要进行环境影响评价的，应当填报环境影响登记表。

建设项目环境影响评价分类管理名录，由国务院环境保护行政主管部门在组织专家进行论证和征求有关部门、行业协会、企事业单位、公众等意见的基础上制定并公布。

第八条 建设项目环境影响报告书，应当包括下列内容：

（一）建设项目概况；

（二）建设项目周围环境现状；

（三）建设项目对环境可能造成影响的分析和预测；

（四）环境保护措施及其经济、技术论证；

（五）环境影响经济损益分析；

（六）对建设项目实施环境监测的建议；

（七）环境影响评价结论。

建设项目环境影响报告表、环境影响登记表的内容和格式，由国务院环境保护行政主管部门规定。

第九条 依法应当编制环境影响报告书、环境影响报告表的建设项目，建设单位应当在开工建设前将环境影响报告书、环境影响报告表报有审批权的环境保护行政主管部门审批；建设项目的环境影响评价文件未依法经审批部门审查或者审查后未予批准的，建设单位不得开工建设。

环境保护行政主管部门审批环境影响报告书、环境影响报告表，应当重点审查建设项目的环境可行性、环境影响分析预测评估的可靠性、环境保护措施的有效性、环境影响评价结论的科学性等，并分别自收到环境影响报告书之日起60日内、收到环境影响报告表之日起30日内，作出审批决定并书面通知建设单位。

环境保护行政主管部门可以组织技术机构对建设项目环境影响报告书、环境影响报告表进行技术评估，并承担相应费用；技术机构应当对其提出的技术评估意见负责，不得向建设单位、从事环境影响评价工作的单位收取任何费用。

依法应当填报环境影响登记表的建设项目，建设单位应当按照国务院环境保护行政主管部门的规定将环境影响登记表报建设项目所在地县级环境保护行政主管部门备案。

环境保护行政主管部门应当开展环境影响评价文件网上审批、备案和信息公开。

第十条 国务院环境保护行政主管部门负责审批下列建设项目环境影响报告书、环境影响报告表：

（一）核设施、绝密工程等特殊性质的建设项目；

（二）跨省、自治区、直辖市行政区域的建设项目；

（三）国务院审批的或者国务院授权有关部门审批的建设项目。

前款规定以外的建设项目环境影响报告书、环境影响报告表的审批权限，由省、自治区、直辖市人民政府规定。

建设项目造成跨行政区域环境影响，有关环境保护行政主管部门对环境影响评价结论有争议的，其环境影响报告书或者环境影响报告表由共同上一级环境保护行政主管部门审批。

第十一条 建设项目有下列情形之一的，环境保护行政主管部门应当对环境影响报告书、环境影响报告表作出不予批准的决定：

（一）建设项目类型及其选址、布局、规模等不符合环境保护法律法规和相关法定规划；

（二）所在区域环境质量未达到国家或者地方环境质量标准，且建设项目拟采取的措施不能满足区域环境质量改善目标管理要求；

（三）建设项目采取的污染防治措施无法确保污染物排放达到国家和地方排放标准，或者未采取必要措施预防和控制生态破坏；

（四）改建、扩建和技术改造项目，未针对项目原有环境污染和生态破坏提出有效防治措施；

（五）建设项目的环境影响报告书、环境影响报告表的基础资料数据明显不实，内容存在重大缺陷、遗漏，或者环境影响评价结论不明确、不合理。

第十二条　建设项目环境影响报告书、环境影响报告表经批准后，建设项目的性质、规模、地点、采用的生产工艺或者防治污染、防止生态破坏的措施发生重大变动的，建设单位应当重新报批建设项目环境影响报告书、环境影响报告表。

建设项目环境影响报告书、环境影响报告表自批准之日起满5年，建设项目方开工建设的，其环境影响报告书、环境影响报告表应当报原审批部门重新审核。原审批部门应当自收到建设项目环境影响报告书、环境影响报告表之日起10日内，将审核意见书面通知建设单位；逾期未通知的，视为审核同意。

审核、审批建设项目环境影响报告书、环境影响报告表及备案环境影响登记表，不得收取任何费用。

第十三条　建设单位可以采取公开招标的方式，选择从事环境影响评价工作的单位，对建设项目进行环境影响评价。

任何行政机关不得为建设单位指定从事环境影响评价工作的单位，进行环境影响评价。

第十四条　建设单位编制环境影响报告书，应当依照有关法律规定，征求建设项目所在地有关单位和居民的意见。

第三章 环境保护设施建设

第十五条 建设项目需要配套建设的环境保护设施，必须与主体工程同时设计、同时施工、同时投产使用。

第十六条 建设项目的初步设计，应当按照环境保护设计规范的要求，编制环境保护篇章，落实防治环境污染和生态破坏的措施以及环境保护设施投资概算。

建设单位应当将环境保护设施建设纳入施工合同，保证环境保护设施建设进度和资金，并在项目建设过程中同时组织实施环境影响报告书、环境影响报告表及其审批部门审批决定中提出的环境保护对策措施。

第十七条 编制环境影响报告书、环境影响报告表的建设项目竣工后，建设单位应当按照国务院环境保护行政主管部门规定的标准和程序，对配套建设的环境保护设施进行验收，编制验收报告。

建设单位在环境保护设施验收过程中，应当如实查验、监测、记载建设项目环境保护设施的建设和调试情况，不得弄虚作假。

除按照国家规定需要保密的情形外，建设单位应当依法向社会公开验收报告。

第十八条 分期建设、分期投入生产或者使用的建设项目，其相应的环境保护设施应当分期验收。

第十九条 编制环境影响报告书、环境影响报告表的建设项目，其配套建设的环境保护设施经验收合格，方可投入生产或者使用；未经验收或者验收不合格的，不得投入生产或者使用。

前款规定的建设项目投入生产或者使用后,应当按照国务院环境保护行政主管部门的规定开展环境影响后评价。

第二十条　环境保护行政主管部门应当对建设项目环境保护设施设计、施工、验收、投入生产或者使用情况,以及有关环境影响评价文件确定的其他环境保护措施的落实情况,进行监督检查。

环境保护行政主管部门应当将建设项目有关环境违法信息记入社会诚信档案,及时向社会公开违法者名单。

第四章　法律责任

第二十一条　建设单位有下列行为之一的,依照《中华人民共和国环境影响评价法》的规定处罚:

(一)建设项目环境影响报告书、环境影响报告表未依法报批或者报请重新审核,擅自开工建设;

(二)建设项目环境影响报告书、环境影响报告表未经批准或者重新审核同意,擅自开工建设;

(三)建设项目环境影响登记表未依法备案。

第二十二条　违反本条例规定,建设单位编制建设项目初步设计未落实防治环境污染和生态破坏的措施以及环境保护设施投资概算,未将环境保护设施建设纳入施工合同,或者未依法开展环境影响后评价的,由建设项目所在地县级以上环境保护行政主管部门责令限期改正,处5万元以上20万元以下的罚款;逾期不改正的,处20万元以上100万元以下的罚款。

违反本条例规定,建设单位在项目建设过程中未同时组织实施环境影响报告书、环境影响报告表及其审批部门审批决定中提出的环境保护对策措施的，由建设项目所在地县级以上环境保护行政主管部门责令限期改正，处20万元以上100万元以下的罚款；逾期不改正的，责令停止建设。

第二十三条 违反本条例规定，需要配套建设的环境保护设施未建成、未经验收或者验收不合格，建设项目即投入生产或者使用，或者在环境保护设施验收中弄虚作假的，由县级以上环境保护行政主管部门责令限期改正，处20万元以上100万元以下的罚款；逾期不改正的，处100万元以上200万元以下的罚款；对直接负责的主管人员和其他责任人员，处5万元以上20万元以下的罚款；造成重大环境污染或者生态破坏的，责令停止生产或者使用，或者报经有批准权的人民政府批准，责令关闭。

违反本条例规定，建设单位未依法向社会公开环境保护设施验收报告的，由县级以上环境保护行政主管部门责令公开，处5万元以上20万元以下的罚款，并予以公告。

第二十四条 违反本条例规定，技术机构向建设单位、从事环境影响评价工作的单位收取费用的，由县级以上环境保护行政主管部门责令退还所收费用，处所收费用1倍以上3倍以下的罚款。

第二十五条 从事建设项目环境影响评价工作的单位，在环境影响评价工作中弄虚作假的，由县级以上环境保护行政主管部门处所收费用1倍以上3倍以下的罚款。

第二十六条 环境保护行政主管部门的工作人员徇私舞弊、滥用职权、玩忽职守，构成犯罪的，依法追究刑事责任；尚不构成犯罪的，依法给予行政处分。

第五章 附 则

第二十七条 流域开发、开发区建设、城市新区建设和旧区改建等区域性开发,编制建设规划时,应当进行环境影响评价。具体办法由国务院环境保护行政主管部门会同国务院有关部门另行规定。

第二十八条 海洋工程建设项目的环境保护管理,按照国务院关于海洋工程环境保护管理的规定执行。

第二十九条 军事设施建设项目的环境保护管理,按照中央军事委员会的有关规定执行。

第三十条 本条例自发布之日起施行。

附 录

环境保护公众参与办法

中华人民共和国环境保护部令

第 35 号

《环境保护公众参与办法》已于 2015 年 7 月 2 日由环境保护部部务会议通过，现予公布，自 2015 年 9 月 1 日起施行。

环境保护部部长
2015 年 7 月 13 日

第一条 为保障公民、法人和其他组织获取环境信息、参与和监督环境保护的权利，畅通参与渠道，促进环境保护公众参与依法有序发展，根据《环境保护法》及有关法律法规，制定本办法。

第二条 本办法适用于公民、法人和其他组织参与制定政策法规、实施行政许可或者行政处罚、监督违法行为、开展宣传教育等环境保护公共事务的活动。

第三条 环境保护公众参与应当遵循依法、有序、自愿、便利的原则。

第四条 环境保护主管部门可以通过征求意见、问卷调查，组织召开座谈会、专家论证会、听证会等方式征求公民、法人和其他组织对环境保护相关事项或者活动的意见和建议。

公民、法人和其他组织可以通过电话、信函、传真、网络等方式向环境保护主管部门提出意见和建议。

第五条 环境保护主管部门向公民、法人和其他组织征求意见时，应当公布以下信息：

（一）相关事项或者活动的背景资料；

（二）征求意见的起止时间；

（三）公众提交意见和建议的方式；

（四）联系部门和联系方式。

公民、法人和其他组织应当在征求意见的时限内提交书面意见和建议。

第六条 环境保护主管部门拟组织问卷调查征求意见的，应当对相关事项的基本情况进行说明。调查问卷所设问题应当简单明确、通俗易懂。调查的人数及其范围应当综合考虑相关事项或者活动的环境影响范围和程度、社会关注程度、组织公众参与所需要的人力和物力资源等因素。

第七条 环境保护主管部门拟组织召开座谈会、专家论证会征求意见的，应当提前将会议的时间、地点、议题、议程等事项通知参会人员，必要时可以通过政府网站、主要媒体等途径予以公告。

参加专家论证会的参会人员应当以相关专业领域专家、环保社会组织中的专业人士为主，同时应当邀请可能受相关事项或者活动直接影响的公民、法人和其他组织的代表参加。

第八条　法律、法规规定应当听证的事项,环境保护主管部门应当向社会公告,并举行听证。

环境保护主管部门组织听证应当遵循公开、公平、公正和便民的原则,充分听取公民、法人和其他组织的意见,并保证其陈述意见、质证和申辩的权利。

除涉及国家秘密、商业秘密或者个人隐私外,听证应当公开举行。

第九条　环境保护主管部门应当对公民、法人和其他组织提出的意见和建议进行归类整理、分析研究,在作出环境决策时予以充分考虑,并以适当的方式反馈公民、法人和其他组织。

第十条　环境保护主管部门支持和鼓励公民、法人和其他组织对环境保护公共事务进行舆论监督和社会监督。

第十一条　公民、法人和其他组织发现任何单位和个人有污染环境和破坏生态行为的,可以通过信函、传真、电子邮件、"12369"环保举报热线、政府网站等途径,向环境保护主管部门举报。

第十二条　公民、法人和其他组织发现地方各级人民政府、县级以上环境保护主管部门不依法履行职责的,有权向其上级机关或者监察机关举报。

第十三条　接受举报的环境保护主管部门应当依照有关法律、法规规定调查核实举报的事项,并将调查情况和处理结果告知举报人。

第十四条　接受举报的环境保护主管部门应当对举报人的相关信息予以保密,保护举报人的合法权益。

第十五条　对保护和改善环境有显著成绩的单位和个人,依法给予奖励。

国家鼓励县级以上环境保护主管部门推动有关部门设立环境保护有奖举报专项资金。

第十六条 环境保护主管部门可以通过提供法律咨询、提交书面意见、协助调查取证等方式，支持符合法定条件的环保社会组织依法提起环境公益诉讼。

第十七条 环境保护主管部门应当在其职责范围内加强宣传教育工作，普及环境科学知识，增强公众的环保意识、节约意识；鼓励公众自觉践行绿色生活、绿色消费，形成低碳节约、保护环境的社会风尚。

第十八条 环境保护主管部门可以通过项目资助、购买服务等方式，支持、引导社会组织参与环境保护活动。

第十九条 法律、法规和环境保护部制定的其他部门规章对环境保护公众参与另有规定的，从其规定。

第二十条 本办法自2015年9月1日起施行。

农村水电建设项目环境保护管理办法

水电〔2006〕274号

第一章 总 则

第一条 为加强农村水电建设项目环境保护管理，坚持在保护生态基础上有序开发水电，促进农村水电建设与环境的协调发展，根据《中华人民共和国水法》、《中华人民共和国环境影响评价法》和《建设项目环境保护管理条例》，制定本办法。

第二条 本办法所称环境影响评价，是指对农村水电项目建设实施后可能造成的环境影响进行分析、预测和评估，提出预防或者减轻不良环境影响的对策和措施，跟踪监测的方法与制度。

报环境保护行政主管部门审批的农村水电建设项目的环境影响报告书（表），必须事先经同级水行政主管部门预审。

第三条 国务院水行政主管部门负责指导全国农村水电建设项目的环境影响评价预审和相关的环境保护监管工作。

各流域管理机构，各省、自治区、直辖市水行政主管部门按照河道管理权限，负责相关农村水电建设项目环境影响评价预审工作。并依据有关法律、行政法规和本办法对辖区内农村水电建设环境保护实施监督管理。

第二章 环境影响评价预审

第四条 农村水电站建设项目在审批或核准前应编制并报批环境影响报告书，单独审批或核准的农村水电站配套电网工程应编制并报批环境影响评价报告表。

对处于非环境敏感区的单机容量小于1000千瓦的农村水电站建设项目，可只编制环境影响报告表。

第五条 实行审批制的农村水电建设项目，建设单位应当在报送可行性研究报告前完成环境影响评价文件的预审。

实行核准制的农村水电建设项目，建设单位应当在提交项目核准申请报告前完成环境影响评价文件预审。

第六条 农村水电站工程建设环境影响报告书应按照《农村水电站工程环境影响评价规程》（SL315-2005）、《环境影响评价技术导则 水利水电工程》（HJ/T88-2003）及其它有关规程规范要求编制。单项环境影响评价工作等级，可参照《环境影响评价技术导则》有关内容确定。

农村水电建设项目环境影响报告书应当包括下列内容：

（一）工程项目概况；

（二）项目区周围环境现状调查与评价；

（三）项目对环境可能造成影响的分析；

（四）环境影响识别和筛选；

（五）环境影响预测和评估；

（六）环境保护对策措施及其技术、经济论证；

（七）环境监测和管理的建议；

（八）环境保护投资估算；

（九）环境影响的经济损益分析；

（十）对有关单位、专家和公众意见采纳或不采纳的说明；

（十一）环境影响评价的结论。

环境影响报告表编制程序和内容根据工程实际可适当简化。

第七条 农村水电建设项目环境影响评价文件中的环境影响报告书（表），必须由依法取得相应环境影响评价资质的机构编制。该机构应按照资质证书规定的等级、评价范围，开展农村水电建设项目环境影响评价工作，并对评价结论负责。

第八条 水行政主管部门应当自收到农村水电建设项目环境影响报告书之日起20个工作日内，收到农村水电建设项目环境影响报告表之日起15个工作日内，提出同意或者不同意的预审意见，由建设单位按有关规定报有审批权的环境保护行政主管部门审批。

第九条 农村水电建设项目的环境影响评价预审原则上采取预审会的形式，聘请包括环保专家在内的5名以上的专家组成专家组，对环境影响报告书（表）进行评审并形成专家组评审意见。根据专家组评审意见，形成水行政主管部门预审意见。

建设单位在取得农村水电建设项目环境影响评价预审意见书后，即可按有关规定报环境保护行政主管部门审批。

第十条 农村水电建设项目环境影响报告书（表）经批准后，建设项目的性质、规模、地点、采用的施工工艺发生重大变动或者超过五年后开工建设的，应当重新办理预审手续。原预审部门应当自收到新报送的环境影响评价文件之日起10个工作日内,将预审意见书面通知建设单位。

第十一条 水行政主管部门对农村水电建设项目环境影响评价预审不收取任何费用。

第十二条 农村水电建设项目环境影响评价文件未经规定的水行政主管部门预审和环境保护主管部门审批,任何项目不得申报审批和核准,更不得擅自开工建设。

第三章 环境保护设施与管理

第十三条 农村水电建设项目需要配套建设的环境保护设施,必须执行与主体工程同时设计、同时施工、同时投入使用的"三同时"制度。

第十四条 农村水电建设项目的初步设计,应当按照现行水利水电工程环境保护设计规范及其他有关技术规范要求,编制环境保护篇章。

对于农村水电站建设项目,依据经批准的建设项目环境影响报告书(表),在环境保护篇章中不仅要落实防治环境污染和生态破坏的措施,还要明确工程投产运行后确保河流健康生态的运行调度方式,以及环境保护工程设施的投资概算.

第十五条 水行政主管部门按规定组织农村水电建设项目的初步设计审查,环境保护篇章不符合规定要求不得通过审查。

第十六条 农村水电建设项目环境保护设施施工图设计按批准的初步设计文件及其环境保护篇章所确定的措施和要求进行。

第十七条 农村水电建设项目施工环境保护,应落实环境影响评价和初步设计中对废水、废气、固体废物和噪声控制、生态保护、人群健康保护、施工环境管理与监测等方面的环境保护措施。

第十八条　农村水电建设项目竣工后，建设单位应向审批建设项目环境影响报告书（表）的环境行政主管部门、参加预审和主持初步设计审批的水行政主管部门，申请环境保护设施竣工验收。验收合格后方可正式投入运行。

第十九条　分期建设、分期投入生产或者使用的农村水电建设项目，其相应的环境保护设施可分期验收。

第二十条　各级水行政主管部门按照相应的管理权限，依法对建设和运行的农村水电项目环境管理和保护情况进行监督检查。

第四章　附　则

第二十一条　本办法由水利部负责解释。

第二十二条　本办法自发布之日起施行。

交通建设项目环境保护管理办法

中华人民共和国交通部令
2003 年第 5 号

《交通建设项目环境保护管理办法》已于 2003 年 4 月 11 日经第 3 次部务会议通过,现予公布,自 2003 年 6 月 1 日起施行。

交通部部长
二〇〇三年五月十三日

第一章 总 则

第一条 为加强交通建设项目环境保护管理,预防交通建设项目对环境造成不良影响,促进交通事业可持续发展,根据《中华人民共和国环境影响评价法》、《建设项目环境保护管理条例》,结合交通建设实际,制定本办法。

第二条 本办法所称"交通建设项目",是指在中华人民共和国境内建设的对环境有影响的公路、水运工程建设项目。

第三条　交通部依照有关法律、行政法规和本办法对交通建设项目环境保护实施管理。交通部设置的交通环境保护机构具体负责全国交通建设项目环境保护的管理工作。

县级以上地方人民政府交通主管部门依照有关法律、行政法规和本办法对本行政区域内交通建设项目环境保护实施管理。省、自治区、直辖市人民政府交通主管部门可设置交通环境保护机构具体负责本行政区域内交通建设项目环境保护管理工作。

第四条　县级以上人民政府交通主管部门应当将交通建设项目环境保护工作纳入本部门的工作计划，采取有利于交通建设项目环境保护的经济、技术政策和措施，使交通建设项目环境保护工作同交通建设相协调。

第五条　交通建设项目环境影响评价应当避免与交通建设规划的环境影响评价相重复，已经进行了环境影响评价的交通建设规划所包含的具体交通建设项目，其环境影响评价内容可以简化。

第六条　对交通建设项目环境保护工作成绩显著的单位和个人，县级以上人民政府交通主管部门或者其交通环境保护机构予以表彰和奖励。

第二章　环境影响评价程序

第七条　县级以上人民政府交通主管部门应当按照国家规定的环境影响评价制度和建设项目环境保护分类管理名录，对交通建设项目的环境保护实行分类管理。

未按照国家规定进行环境影响评价的交通建设项目，县级以上人民政府交通主管部门不予审批工程可行性研究报告和初步设计。

第八条　建设单位应当在交通建设项目可行性研究阶段报批建设项目环境影响报告书、环境影响报告表或者环境影响登记表。经交通环境保护机构审核，并经有审批权的环境保护行政主管部门同意，可在初步设计完成前报批建设项目环境影响报告书或者环境影响报告表。

按照国家有关规定，不需要进行可行性研究的交通建设项目，建设单位应当在交通建设项目开工前报批建设项目环境影响报告书、环境影响报告表或者环境影响登记表。

第九条　交通建设项目环境影响报告书、环境影响报告表或者环境影响登记表的内容和格式，应当符合国家有关规定及技术规范的要求。

涉及水土保持的交通建设项目，环境影响报告书或者环境影响报告表必须有水土保持方案。

第十条　根据《中华人民共和国环境影响评价法》第二十二条第一款和《建设项目环境保护管理条例》第十条的规定，需报环境保护行政主管部门审批的交通建设项目，其环境影响报告书、环境影响报告表或者环境影响登记表，必须事先经同级交通主管部门预审。

第十一条　交通主管部门应当自收到建设项目环境影响报告书之日起三十日内、环境影响报告表十五日内、环境影响登记表十日内，提出同意或者不同意的预审意见，按有关规定报有审批权的环境保护行政主管部门审批。

第十二条　交通建设项目环境影响报告书、环境影响报表或者环境影响登记表经批准后，建设项目的性质、规模、地点、采用的施工工艺发生重大变动或者超过五年后开工建设的，应当重新办理报批手续。

第十三条　建设单位向县级以上人民政府交通主管部门申请交通建设项目环境影响评价预审，应当按规定提交有明确的建设项目环境影响评价结论的建设项目环境影响报告书、环境影响报告表或者环境影响登记表；按规定应当提交环境影响报告书的，还应当附具有关单位、专家和公众的意见及对有关意见采纳或者不采纳的说明。

第十四条　交通建设项目环境影响评价工作，由建设单位自主选择熟悉交通建设项目施工工艺、污染排放和生态损害及其防治对策，具备交通建设项目工程分析能力，依法取得相应的资格证书，并向交通主管部门办理备案手续的机构承担。

县级以上人民政府交通主管部门不得为建设单位指定任何机构进行交通建设项目环境影响评价。

第十五条　交通建设项目环境影响评价机构应当按照国家有关规定和资格证书确定的等级、评价范围，从事交通建设项目环境影响评价服务，并对评价结论负责。

第三章　环境保护设施

第十六条　交通建设项目需要配套建设的环境保护工程，必须与主体工程同时设计、同时施工、同时投入使用。

第十七条　交通建设项目的初步设计，应当按照交通行业环境保护设计规范及其他有关技术规范的要求，编制环境保护篇章，并依据经批准的建设项目环境影响报告书或者环境影响报告表，在环境保护篇章中落实防治环境污染和生态破坏的措施以及环境工程投资概算。

第十八条 省级以上人民政府交通主管部门按规定组织交通建设项目的初步设计审查，应当有交通环境保护机构参加。

交通建设项目初步设计的环境保护篇章不符合规定要求的，不得通过初步设计审查。

第十九条 交通建设项目的主体工程完工后，需要进行试运营的，其配套建设的环境保护设施必须与主体工程同时投入试运营。

第二十条 交通建设项目竣工后，建设单位应当向审批该建设项目环境影响报告书、环境影响报告表或者环境影响登记表的环境行政主管部门申请环境保护设施竣工验收，同时报县级以上人民政府交通主管部门。

省级以上人民政府交通主管部门按规定组织交通建设项目的竣工验收，应当有交通环境保护机构参加。

第二十一条 交通建设项目需要配套建设的环境保护设施经验收合格后，该建设项目方可正式投入生产或者使用。

第二十二条 交通建设项目的后评估文件应当有环境保护篇章。重大交通建设项目应当进行专项环境后评估，评估费用在建设项目工作经费中列支。

第四章 罚 则

第二十三条 违反本办法有关规定，交通环境保护机构可以建议环境保护行政主管部门依法给予行政处罚。

第二十四条 县级以上人民政府交通主管部门及其交通环境保护机构的工作人员违反本办法及其他国家有关规定，滥用职权、玩忽职守、徇私舞弊，依法给予行政处分。

第五章 附 则

第二十五条 本办法由交通部负责解释。

第二十六条 本办法自2003年6月1日起施行。交通部1990年6月16日发布的《交通建设项目环境保护管理办法》同时废止。

附 录

交通行业环境保护管理规定

交环保发〔1993〕第 1386 号

第一章 总 则

第一条 为加强交通行业环境保护管理工作,根据《中华人民共和国环境保护法》和其他有关法规,制定本规定。

第二条 各级交通管理部门和交通系统科研、设计、建设和生产等企事业单位应按照本规定的要求,搞好与本职业务有关的环保工作。

第三条 交通行业环境保护的任务是加强管理,促进交通企事业单位在生产和建设过程中,合理利用各种资源、能源,控制和逐步消除污染,保障人民身体健康,促进交通运输事业的发展。

第四条 交通企事业单位的职工有保护环境、防止污染的义务,对造成污染和破坏环境的单位和个人都有检举和报告的权利,被检举、报告的单位和个人不得打击报复。

第二章 机构职责

第五条 交通部负责统一组织协调交通行业的环境保护工

作。其主要职责是：

（一）贯彻执行国家各项环境保护法规；

（二）制定交通环境保护规章；

（三）审议交通环境保护规划和工作要点；

（四）组织推动重大环境措施的实施；

（五）决定行业环境保护工作的重大奖惩事宜。

第六条 中华人民共和国港务监督（含港航监督），依照我国《海洋环境保护法》、《水污染防治法》、《大气污染防治法》和《防止船舶污染海域管理条例》等法规的规定，主管船舶防污管理、船舶排污监督和污染事故的调查处理等工作。

第七条 中华人民共和国船舶检验局，根据我国《海洋环境保护法》、《水污染防治法》以及有关国际公约和船舶防污染有关规范的规定，主管船舶防污染结构和设备的检验工作。

第八条 地方各级交通管理部门负责组织协调本地区交通行业的环境保护工作。其主要职责是：

（一）贯彻执行国家和行业环境保护方针、政策和法规；起草当地本行业环境保护管理办法和细则；

（二）组织编制和监督实施当地本行业环境保护规划计划，并负责环保统计工作；

（三）对本地区交通建设项目的环境保护工程实施行业监督管理；

（四）对本地区交通企事业单位的污染治理实施行业监督管理；

（五）组织本地区交通环境监测、科研和信息工作，推广保护环境先进技术；

（六）督促检查交通企事业单位环保设施的使用；

（七）抓好环保典型，表彰先进单位和个人。

第九条 交通企事业单位负责组织协调本单位环境保护工作，其主要职责是：

（一）贯彻执行国家和行业各项环境保护方针政策和法规；

（二）组织编制本单位的环境保护规划计划和规章制度，并负责环境保护统计工作；

（三）对本单位建设项目环境保护管理实施监督管理；

（四）组织本单位污染源治理、污染事故处置和调查处理，重大污染事故要随时上报；

（五）组织本单位的环境监测，掌握本单位的环境和污染源情况；

（六）监督检查本单位环境保护专用设施的使用和维修；

（七）建立健全环境保护技术档案；

（八）组织技术培训、信息交流和宣传工作。

第十条 交通部设立环境监测总站，负责交通行业环境保护监测网站管理、技术仲裁、环境评价等工作；地方交通管理部门和交通行业企事业单位按交通部的统一规划设立监测站（或室），负责当地交通行业和本单位环境监测、污染源监测、应急监测、环境评价，以及编报监测资料等工作。

第十一条 各级计划统计部门应把环境保护计划内容纳入正式计划统计渠道，切实抓好环保计划统计工作。

第十二条 各级交通管理部门的主管领导，在提出任期目标时，必须包括环境保护任期目标，并将环境保护作为其政绩考核的一个内容，环境保护任期目标应层层分解、层层落实。

第十三条 各单位应加强对环境保护专用设施的管理,提高设施的完好率和使用率。应把环保设施纳入生产设备管理。环境保护设备的选型应经同级环保主管部门核准。

第三章 新污染防治

第十四条 凡对环境有影响的交通行业建设项目必须执行防治污染设施与主体工程同时设计、同时施工和同时投产使用的"三同时"规定。凡没有提出环境影响报告书(表),或环境影响报告书(表)未经批准的项目,不得批准设计,不能开工建设;环境保护配套设施验收不合格的,生产部门不得接收投产。

第十五条 凡从事环境影响评价的单位,必须持有与所评内容相适应的评价证书。交通部环境保护部门应加强对持证单位的管理。

第十六条 交通建设项目环境保护设施所需资金,应纳入建设项目投资计划,不得留缺口。建设项目的环境影响评价费用,在可行性研究费用中支出。

第十七条 新建(或改建)和从国外购置的船舶,以及船用防污设备、器材,须符合有关国际公约和我国的《防止船舶污染海域管理条例》及有关规范的规定。

第十八条 制造、购置和进口的机动车辆及其他机械设备,必须符合国家的环境保护规定的标准。

第四章 污染源治理

第十九条 企事业单位对现有污染源应作出治理计划,实施分期治理。对污染严重或地处居民区、自然保护区、风景游览区和其它需要特别保护区域的污染源,应限期治理;治理难度大的,应制定治理规划,逐步实施。

第二十条 交通管理部门和企业应从所掌管的更改资金中提取7%用于污染治理,污染严重、治理任务重的,用于治理污染的资金比例可适当提高。企业留用的更改资金应优先用于治理污染,企业的生产发展基金可用于治理污染。航运企业的修船费也应保证船舶污染治理所需资金。

第二十一条 交通企业为防治污染,开展综合利用项目所产产品实现的利润,可在投产后五年内不上交,留给企业用于治理污染,开展综合利用。

第二十二条 本单位未利用的"三废",外单位利用时,除经加工处理可适应收取工本费外,一般不应收费。

第二十三条 港口都应按国家有关法律、规章和我国加入的国际防污公约的规定设立足够的船舶废弃物接收处理设施,其接收能力应与到港船舶的需要相适应。

(一)各港口都应设立船舶机舱油污水和船舶垃圾接收处理设施,并按有关规定设置生活污水接收处理设施;

(二)石油运输港口、码头还应设立油轮压载污水的接收处理设施以及溢油应急设施。有的还需要设置油轮洗舱污水的接收处理设施;

(三)散装液体化学品作业码头,应设立含化学品污水接收处理以及应急设施;

(四)开展洗箱作业的港口应设立洗箱水处理设施。

其他专业码头也应按要求设立必要的接收处理设施。

第二十四条 从事煤炭、矿石、水泥和粮食等散货作业的港口码头和货场都应采取除尘、抑尘措施,并使粉尘排放达到国家、地方和行业标准。

第二十五条 现有船舶都应按有关国际公约、我国的《防止船舶污染海域管理条例》及有关规范的规定配备防污染设备和记录簿。

第二十六条 企事业排放各种废水，应逐步做到清浊分流和循环使用，减少污水排放量。处理后的污水水质必须达到国家地方和行业排放标准。严禁采用渗井、渗坑、稀释等方法排放废水。

第二十七条 各级交通管理部门应按照《汽车排气污染监督管理办法》等有关规定，对汽车维修、客挂车制造企业的环境保护实施行业监督管理。

第二十八条 现有机动船舶车辆应按国家有关规定采取治理措施，达到国家废气排放标准。

第二十九条 企事业单位的工业、生活用窑炉都应采取消烟除尘措施，使烟尘排放达到国家标准。积极推广集中供热、联片采暖，减少烟尘排放。

第三十条 木材粮食熏蒸要采用低毒药剂，并采取防护措施，防止环境污染。

第三十一条 医院污水和其他含病毒菌污水需经消毒灭菌处理，达标排放。

第三十二条 对噪声振动超过国家标准的机械设备，应采取降噪或防震措施，并使之达到国家标准。

第五章 科研、设计和教育

第三十三条 积极开展环境保护科研工作。在交通部统一规划下，各交通专业研究院（所），凡有条件的，都要开展环境管理、环境监测、综合治理、环境评价以及有关的交通环保基础理论和应用的研究，各企业也要根据具体情况，研究有关的污染治理课题，攻克治理难关。

第三十四条 各交通专业研究院（所）和企业科研机构研制的新产品、新技术，应达到国家或行业污染物排放和环境保护标准。

第三十五条 设计单位从事环保工程设计应按照国家和本行业有关规定进行，并负技术责任。

第三十六条 交通大专院校和中专学校都要设置环境保护基础课程，有条件的应根据需要举办各类环境保护专业班和短训班，为交通环境保护培养人才。

第三十七条 各级交通管理部门、企事业单位都要开展环境保护知识的宣传教育，普及环境保护知识，不断提高各级干部和在职人员的环境意识，促进环保人员的知识更新。

第三十八条 有关单位应加强国内外环境保护技术和信息交流工作。组织有关生产、建设、科研等方面的对外交流和考察时，要包括环境保护的内容。

第三十九条 开展交通行业环境保护工作，应发挥舆论宣传的作用，《中国交通报》和交通行业其他报刊都应积极宣传报导有关环境保护的内容。

第六章　奖励与惩罚

第四十条 在交通环境保护工作上有突出贡献和取得显著成绩的单位和个人，各级交通管理部门应给予表扬和奖励。

第四十一条 企业为消除污染，治理"三废"，开展综合利用作出显著成绩的，要按照国家的有关规定给予奖励。

第四十二条 评选先进单位、先进企业要把环境保护工作作为其中一项考核内容。凡属下列情形之一者，不得评为先进单位。

（一）已建成的污染治理和综合利用装置，未经环保部门批准，长期不能正常运转或废弃不用的；

（二）发生重大污染事故的；

（三）污染严重，而不积极采取有力措施治理污染的；

（四）不执行"三同时"规定，未经批准擅自投产、污染环境的；

（五）挪用环境保护专用资金影响污染治理的。

第四十三条 对违反本规定造成环境污染事故的单位和个人，由有关主管机关依据有关规定，根据情节轻重给予批评、警告、罚款和其它行政处罚。导致公私财产重大损失或人员伤亡等严重后果，构成犯罪的，依法追究有关人员的刑事责任。

第四十四条 环境保护监督管理人员滥用职权、玩忽职守、徇私舞弊的，由其所在单位或上级主管机关给予行政处分。构成犯罪的，由司法机关追究其刑事责任。

第七章 附 则

第四十五条 本规定下列用语的定义、解释。

（一）交通管理部门是指各级政府交通主管部门和交通部派出机构。

（二）记录簿是指油类记录簿和化学品船舶的货物记录簿。

第四十六条 各地、各单位可根据本规定制定实施细则。

第四十七条 本规定由交通部负责解释。

第四十八条 本规定自一九九四年元月一日起实施。

矿山地质环境保护规定

中华人民共和国国土资源部令

第 64 号

《国土资源部关于修改和废止部分规章的决定》已经 2016 年 1 月 5 日国土资源部第 1 次部务会议审议通过,现予以公布,自公布之日起施行。

国土资源部部长
2016 年 1 月 8 日

(2009 年 3 月 2 日中华人民共和国国土资源部令第 44 号公布;根据 2015 年 5 月 6 日国土资源部第 2 次部务会议《国土资源部关于修改〈地质灾害危险性评估单位资质管理办法〉等 5 部规章的决定》第一次修正;根据 2016 年 1 月 5 日国土资源部第 1 次部务会议《国土资源部关于修改和废止部分规章的决定》第二次修正)

第一章 总　则

第一条 为保护矿山地质环境，减少矿产资源勘查开采活动造成的矿山地质环境破坏，保护人民生命和财产安全，促进矿产资源的合理开发利用和经济社会、资源环境的协调发展，根据《中华人民共和国矿产资源法》和《地质灾害防治条例》，制定本规定。

第二条 因矿产资源勘查开采等活动造成矿区地面塌陷、地裂缝、崩塌、滑坡，含水层破坏，地形地貌景观破坏等的预防和治理恢复，适用本规定。

开采矿产资源涉及土地复垦的，依照国家有关土地复垦的法律法规执行。

第三条 矿山地质环境保护，坚持预防为主、防治结合，谁开发谁保护、谁破坏谁治理、谁投资谁受益的原则。

第四条 国土资源部负责全国矿山地质环境的保护工作。

县级以上地方国土资源行政主管部门负责本行政区的矿山地质环境保护工作。

第五条 国家鼓励开展矿山地质环境保护科学技术研究，普及相关科学技术知识，推广先进技术和方法，制定有关技术标准，提高矿山地质环境保护的科学技术水平。

第六条 国家鼓励企业、社会团体或者个人投资，对已关闭或者废弃矿山的地质环境进行治理恢复。

第七条 任何单位和个人对破坏矿山地质环境的违法行为都有权进行检举和控告。

第二章 规 划

第八条 国土资源部负责全国矿山地质环境的调查评价工作。

省、自治区、直辖市国土资源行政主管部门负责本行政区域内的矿山地质环境调查评价工作。

市、县国土资源行政主管部门根据本地区的实际情况,开展本行政区域的矿山地质环境调查评价工作。

第九条 国土资源部依据全国矿山地质环境调查评价结果,编制全国矿山地质环境保护规划。

省、自治区、直辖市国土资源行政主管部门依据全国矿山地质环境保护规划,结合本行政区域的矿山地质环境调查评价结果,编制省、自治区、直辖市的矿山地质环境保护规划,报省、自治区、直辖市人民政府批准实施。

市、县级矿山地质环境保护规划的编制和审批,由省、自治区、直辖市国土资源行政主管部门规定。

第十条 矿山地质环境保护规划应当包括下列内容:

(一)矿山地质环境现状和发展趋势;

(二)矿山地质环境保护的指导思想、原则和目标;

(三)矿山地质环境保护的主要任务;

(四)矿山地质环境保护的重点工程;

(五)规划实施保障措施。

第十一条 矿山地质环境保护规划应当符合矿产资源规划,并与土地利用总体规划、地质灾害防治规划等相协调。

第三章 治理恢复

第十二条 采矿权申请人申请办理采矿许可证时,应当编制矿山地质环境保护与治理恢复方案,报有批准权的国土资源行政主管部门批准。

矿山地质环境保护与治理恢复方案应当包括下列内容:

(一)矿山基本情况;

(二)矿山地质环境现状;

(三)矿山开采可能造成地质环境影响的分析评估(含地质灾害危险性评估);

(四)矿山地质环境保护与治理恢复措施;

(五)矿山地质环境监测方案;

(六)矿山地质环境保护与治理恢复工程经费概算;

(七)缴存矿山地质环境保护与治理恢复保证金承诺书。

依照前款规定已编制矿山地质环境保护与治理恢复方案的,不再单独进行地质灾害危险性评估。

第十三条 采矿权申请人未编制矿山地质环境保护与治理恢复方案,或者编制的矿山地质环境保护与治理恢复方案不符合要求的,有批准权的国土资源行政主管部门应当告知申请人补正;逾期不补正的,不予受理其采矿权申请。

第十四条 采矿权人扩大开采规模、变更矿区范围或者开采方式的,应当重新编制矿山地质环境保护与治理恢复方案,并报原批准机关批准。

第十五条 采矿权人应当严格执行经批准的矿山地质环境保护与治理恢复方案。

矿山地质环境保护与治理恢复工程的设计和施工,应当与矿产资源开采活动同步进行。

第十六条 开采矿产资源造成矿山地质环境破坏的,由采矿权人负责治理恢复,治理恢复费用列入生产成本。

矿山地质环境治理恢复责任人灭失的,由矿山所在地的市、县国土资源行政主管部门,使用经市、县人民政府批准设立的政府专项资金进行治理恢复。

国土资源部,省、自治区、直辖市国土资源行政主管部门依据矿山地质环境保护规划,按照矿山地质环境治理工程项目管理制度的要求,对市、县国土资源行政主管部门给予资金补助。

第十七条 采矿权人应当依照国家有关规定,缴存矿山地质环境治理恢复保证金。

矿山地质环境治理恢复保证金的缴存标准和缴存办法,按照省、自治区、直辖市的规定执行。矿山地质环境治理恢复保证金的缴存数额,不得低于矿山地质环境治理恢复所需费用。

矿山地质环境治理恢复保证金遵循企业所有、政府监管、专户储存、专款专用的原则。

第十八条 采矿权人按照矿山地质环境保护与治理恢复方案的要求履行了矿山地质环境治理恢复义务,经有关国土资源行政主管部门组织验收合格的,按义务履行情况返还相应额度的矿山地质环境治理恢复保证金及利息。

采矿权人未履行矿山地质环境治理恢复义务,或者未达到矿山地质环境保护与治理恢复方案要求,经验收不合格的,有关国土资源行政主管部门应当责令采矿权人限期履行矿山地质环境治理恢复义务。

第十九条 因矿区范围、矿种或者开采方式发生变更的,采矿权人应当按照变更后的标准缴存矿山地质环境治理恢复保证金。

第二十条 矿山地质环境治理恢复后,对具有观赏价值、科学研究价值的矿业遗迹,国家鼓励开发为矿山公园。

国家矿山公园由省、自治区、直辖市国土资源行政主管部门组织申报,由国土资源部审定并公布。

第二十一条 国家矿山公园应当具备下列条件:

(一)国内独具特色的矿床成因类型且具有典型、稀有及科学价值的矿业遗迹;

(二)经过矿山地质环境治理恢复的废弃矿山或者部分矿段;

(三)自然环境优美、矿业文化历史悠久;

(四)区位优越,科普基础设施完善,具备旅游潜在能力;

(五)土地权属清楚,矿山公园总体规划科学合理。

第二十二条 矿山关闭前,采矿权人应当完成矿山地质环境治理恢复义务。采矿权人在申请办理闭坑手续时,应当经国土资源行政主管部门验收合格,并提交验收合格文件,经审定后,返还矿山地质环境治理恢复保证金。

逾期不履行治理恢复义务或者治理恢复仍达不到要求的,国土资源行政主管部门使用该采矿权人缴存的矿山地质环境治理恢复保证金组织治理,治理资金不足部分由采矿权人承担。

第二十三条 采矿权转让的,矿山地质环境保护与治理恢复的义务同时转让。采矿权受让人应当依照本规定,履行矿山地质环境保护与治理恢复的义务。

第二十四条 以槽探、坑探方式勘查矿产资源,探矿权人在矿产资源勘查活动结束后未申请采矿权的,应当采取相应的治理恢复措施，对其勘查矿产资源遗留的钻孔、探井、探槽、巷道进行回填、封闭，对形成的危岩、危坡等进行治理恢复，消除安全隐患。

第四章　监督管理

第二十五条　县级以上国土资源行政主管部门对采矿权人履行矿山地质环境保护与治理恢复义务的情况进行监督检查。

相关责任人应当配合县级以上国土资源行政主管部门的监督检查，并提供必要的资料，如实反映情况。

第二十六条　县级以上国土资源行政主管部门应当建立本行政区域内的矿山地质环境监测工作体系，健全监测网络，对矿山地质环境进行动态监测，指导、监督采矿权人开展矿山地质环境监测。

采矿权人应当定期向矿山所在地的县级国土资源行政主管部门报告矿山地质环境情况，如实提交监测资料。

县级国土资源行政主管部门应当定期将汇总的矿山地质环境监测资料报上一级国土资源行政主管部门。

第二十七条　县级以上国土资源行政主管部门在履行矿山地质环境保护的监督检查职责时，有权对矿山地质环境保护与治理恢复方案确立的治理恢复措施落实情况和矿山地质环境监测情况进行现场检查，对违反本规定的行为有权制止并依法查处。

第二十八条　开采矿产资源等活动造成矿山地质环境突发事件的，有关责任人应当采取应急措施，并立即向当地人民政府报告。

第五章 法律责任

第二十九条 违反本规定，应当编制矿山地质环境保护与治理恢复方案而未编制的，或者扩大开采规模、变更矿区范围或者开采方式，未重新编制矿山地质环境保护与治理恢复方案并经原审批机关批准的，由县级以上国土资源行政主管部门责令限期改正；逾期不改正的，处3万元以下的罚款，颁发采矿许可证的国土资源行政主管部门不得通过其采矿许可证年检。

第三十条 违反本规定第十五条、第二十二条规定，未按照批准的矿山地质环境保护与治理恢复方案治理的，或者在矿山被批准关闭、闭坑前未完成治理恢复的，由县级以上国土资源行政主管部门责令限期改正；逾期拒不改正的，处3万元以下的罚款，5年内不受理其新的采矿权申请。

第三十一条 违反本规定第十七条规定，未按期缴存矿山地质环境治理恢复保证金的，由县级以上国土资源行政主管部门责令限期缴存；逾期不缴存的，处3万元以下的罚款。颁发采矿许可证的国土资源行政主管部门不得通过其采矿活动年度报告，不受理其采矿权延续变更申请。

第三十二条 违反本规定第二十四条规定，探矿权人未采取治理恢复措施的，由县级以上国土资源行政主管部门责令限期改正；逾期拒不改正的，处3万元以下的罚款，5年内不受理其新的探矿权、采矿权申请。

第三十三条 违反本规定，扰乱、阻碍矿山地质环境保护与治理恢复工作，侵占、损坏、损毁矿山地质环境监测设施或者矿山地质环境保护与治理恢复设施的，由县级以上国土资源行政主管部门责令停止违法行为，限期恢复原状或者采取补救措施，并处3万元以下的罚款；构成犯罪的，依法追究刑事责任。

第三十四条 县级以上国土资源行政主管部门工作人员违反本规定，在矿山地质环境保护与治理恢复监督管理中玩忽职守、滥用职权、徇私舞弊的，对相关责任人依法给予行政处分；构成犯罪的，依法追究刑事责任。

第六章 附 则

第三十五条 本规定实施前已建和在建矿山，采矿权人应当依照本规定编制矿山地质环境保护与治理恢复方案，报原采矿许可证审批机关批准，并缴存矿山地质环境治理恢复保证金。

第三十六条 本规定自2009年5月1日起施行。